W. Scheyer / M. Wedegärtner
WRACKTAUCHEN

Empfohlen von

LEHRBRIEFE FÜR DEN TAUCHSPORT
TAUCHSPORT-SONDERBREVETS
12

W. Scheyer / M. Wedegärtner

Delius Klasing
EDITION NAGLSCHMID

Die Deutsche Bibliothek - CIP-Einheitsaufnahme

Scheyer, Werner:
Wracktauchen / Werner Scheyer ; Markus Wedegärtner. - 2. Aufl. -
Bielefeld : Delius Klasing ; Stuttgart : Ed. Naglschmid, 1995
    (Lehrbriefe für den Tauchsport : Sonderbrevets ; H. 12)
    ISBN 3-89594-028-3
NE: Wedegärtner, Markus:; Lehrbriefe für den Tauchsport / Sonderbrevets

ISBN 3-89594-028-3
© 1995 by Verlag Stephanie Naglschmid, Stuttgart
Herausgeber: Dr. Friedrich Naglschmid/MTi-Press, Stuttgart
Umschlaggestaltung: Buchholz/Hinsch/Hensinger, Hamburg
Titelfoto: Arnd Rödiger/MTi-Press
Zeichnungen: Werner Scheyer/MTi-Press
Druck: Druckerei Schreck GmbH u. Co. KG, 67487 Maikammer/Pfalz
Printed in Germany 1995

Dieses Buch wurde auf umweltschonendem,
chlorfrei gebleichten Papier gedruckt.

Alle in diesem Buch enthaltenen Angaben, Daten, Ergebnisse usw. wurden von den Autoren nach bestem Wissen erstellt und von ihnen und vom Verlag mit größtmöglicher Sorgfalt überprüft. Gleichwohl sind inhaltliche Fehler nicht vollständig auszuschließen. Daher erfolgen die Angaben usw. ohne jegliche Verpflichtung oder Garantie des Verlages und der Autoren. Sie alle übernehmen deshalb keinerlei Verantwortung und Haftung für etwaige inhaltliche Unrichtigkeiten.

Geschützte Warennamen und Warenzeichen werden nicht besonders gekennzeichnet. Aus dem Fehlen solcher Hinweise kann also nicht geschlossen werden, daß es sich um einen freien Warennamen oder ein freies Warenzeichen handelt.

Alle Rechte, insbesondere das Recht der Vervielfältigung und Verbreitung sowie der Übersetzung, vorbehalten. Kein Teil des Werkes darf in irgend einer Form (durch Fotokopie, Mikrofilm oder ein anderes Verfahren) ohne schriftliche Genehmigung des Verlages reproduziert oder unter Verwendung elektronischer Systeme verarbeitet, vervielfältigt oder verbreitet werden.

Inhaltsverzeichnis

1. Einleitung — 8

    1.1 Warum Wracktauchen, Kursziel, Kursdauer — 8
    1.2 Anforderungen an die Teilnehmer — 8
    1.3 Anforderungen an die Ausrüstung — 10
        1.3.1 Luftversorgung — 10
        1.3.2 Instrumente — 11
        1.3.3 Messer — 11
        1.3.4 Tarierung — 11
        1.3.5 Taucherlampe — 11
        1.3.6 Leinensicherung — 12

2. Wracks — 15

    2.1 Schiffsbau — 15
    2.2 Aufbau eines Schiffes, Schiffstypen — 20
    2.3 Entstehung der Wracks — 24
    2.4 Suchen und Wiederfinden von Wracks — 28
    2.5 Zustand und Bestimmung von Wracks — 29

3. Gefahren des Wracktauchens — 35

    3.1 Orientierung — 35
    3.2 Sicht — 35
    3.3 Hindernisse — 36
    3.4 Lage — 40
    3.5 Ladung — 40
    3.6 Psyche — 41
    3.7 Tiere — 44
    3.8 Weitere Gefahren und zusätzliche Risiken — 44

4. Praxisablauf, Vorschläge — 47

5. Souvenirs — 50

    5.1 Bergen von Souvenirs — 51
    5.2 Konservieren von Souvenirs — 51
        5.2.1 Glas, Keramik, Stein — 52
        5.2.2 Holz, Knochen, Leder — 52
        5.2.3 Metall — 52

6. Lexikon mit Begriffen aus dem Schiffsbau — 54

7. Prüfe Dein Wissen — 60

8. Zertifikat — 63

Vorwort

Die Sonderbrevets sollen die Kenntnisse und Fertigkeiten des Tauchers erweitern und dadurch zu mehr Freude am Hobby und zu mehr Sicherheit beitragen. Einige der unten aufgeführten Praxis-Sonderbrevets sind Voraussetzung für das Erlangen von CMAS- Brevets.

Sporttauchen ist ein Gruppensport miteinander - nicht gegeneinander. Alle Sonderbrevets werden dadurch auch in Gruppen erarbeitet, Lücken durch partnerschaftliches Verhalten geschlossen.

Das Sonderbrevet soll keine Prüfung sein! Die einzelnen Aufgaben können so oft geübt werden, bis der Taucher sie beherrscht. Die zu den Sonderbrevets notwendige Theorie zwischen 2 und 8 Stunden wird in dieser kleinen, kursbegleitenden Heftreihe behandelt.

Die Hefte enthalten gleichzeitig ein Zertifikat, welches vom Tauchlehrer nach erfolgreicher Teilnahme bestätigt wird.

Der Inhalt des kursbegleitenden Heftes geht über das für das jeweilige Sonderbrevets nötige Wissen hinaus, um auch Hintergründe aufzuzeigen.

Themen der einzelnen Hefte:

Sonderbrevets	**Seminare**

1. Orientierung
2. UW-Fotografie
   Unterwasserfotografie für Einsteiger
3. Gewässeruntersuchung
4. Süßwasserbiologie/Limnologie
5. Meeresbiologie
6. Tauchsicherheit - Tauchrettung
7. Nachttauchen
8. Strömungstauchen
   in Meeren und Flüssen
9. Trockentauchen
10. Suchen und Bergen
12. Wracktauchen
13. Höhlentauchen
   Tauchen in Meereshöhlen
	Eistauchen
	Kompressor
	Seemannschaft
	Flußtauchen
	Bergseetauchen
	weitere Titel in Vorbereitung

1. Einleitung

1.1 Warum Wracktauchen, Kursziel, Kursdauer

Zu den faszinierendsten Tauchzielen gehören ganz sicher die Wracks - Schiffe jeder Art und Größe, die durch Stürme, Navigationsfehler, kriegerische Handlungen oder auch absichtlich ihr Überwasserleben beendeten und nun auf dem Grund der Meere und Seen liegen. Es mag das Geheimnis ihres Unterganges - die Hoffnung auf Schätze oder auch nur auf Souvenirs sein, das Taucher dazu treibt, Wracks aufzusuchen und deren Räume zu erforschen. Wracks sind aber auch künstliche Riffe und mit ihren Versteck- und Unterschlupfmöglichkeiten Anziehungspunkte für die Fische und auch aus diesem Grund immer ein Reservat.

Wracktauchen - das ist nicht das Umschwimmen einiger aus dem Schlamm ragender Planken oder ein kurzer Blick in die letzte, schlammgefüllte Öffnung eines total zerfallenen Schiffes, wie es von manchen Tauchbasen mangels anderer Höhepunkte per Stempel im Logbuch attestiert wird.

Hier ist das Betauchen von Wracks mit noch mehr oder weniger intakten Räumen mit allen sich daraus ergebenden Gefahren gemeint. Es müssen nicht immer gesunkene Schiffe sein, Flugzeugwracks, in Stauseen überflutete Gebäude, versunkene LKW oder die hohlen Fundamente von Stauwehren oder Brücken zählen auch zu diesem Thema.

Unvernunft, fehlendes Wissen um die Gefahren und Habgier haben hier schon viele Opfer gefordert.

Ziel dieses Sonderbrevets soll es sein, dem Sporttaucher die speziellen Probleme und Gefahren zu verdeutlichen, um das Wracktauchen zu einem Höhepunkt werden zu lassen, ohne unnötige Risiken einzugehen. Planung, Vorbereitung sowie das Abschätzen eventueller Gefahren sind Voraussetzung dazu. Für den theoretischen Teil werden je nach Typ und Zustand des Wracks 2 bis 4 Stunden benötigt.

Für die Praxis sollen mindestens 4 Freitauchgänge vorgesehen werden, mit steigenden Schwierigkeitsgraden.

1.2 Anforderungen an die Teilnehmer

Der Ausbildungsstand sollte mindestens dem CMAS** (DTSA-Silber) entsprechen. Dies schließt einwandfreie Kenntnisse in der Orientierung beim Tauchen ein. Weiterhin wären auch Kenntnisse, die beim Sonderbrevet "Tauchsicherheit und -rettung" vermittelt werden, empfehlenswert.

Persönliche Anforderungen:
Physisch und psychisch stabil, keine Platzangst, ehrlich, erfahren

Gerät * : Getrenntes Doppelflaschengerät, zwei getrennte Atem-regler, Finimeter und Warneinrichtung , ausreichender Luftvorrat

Lampe : Hauptlampe und mindestens eine Reservelampe, aus-reichende Brenndauer

Messer : Stabil, mit Sägeschliff

Signalleine oder -draht *ca. 50 m lang

Sonstige Ausrüstung :
Ausrüstung (eigene und die des Partners) vollständig , zweckmäßig, funktionsfähig, vertraut !

Partner: Sicher und vertraut

*) Wird bei Wracks mit höheren Schwierigkeitsgraden benötigt !

Abb. 1 | **Anforderungen** | DTSA Sonderbrevet Wracktauchen

Die beim Wracktauchen teilnehmenden Taucher dürfen nicht an Platzangst (Klaustrophobie) leiden. Einige Nachttauchgänge bzw. Teilnahme an einem Kurs zum Erlangen des Sonderbrevets "Nachttauchgang" könnten über die psychische Stabilität der Teilnehmer Auskunft geben.

- Absolute Ehrlichkeit sich selbst und anderen gegenüber ist unbedingte Voraussetzung!
- Nur bekannte und verläßliche Tauchpartner mitnehmen !
- Ärztliches Attest nicht älter als 2 Jahre (bei Teilnehmern über 40 Jahre 1 Jahr).
- Vollständige und bekannte Ausrüstung verwenden !

1.3 Anforderungen an die Ausrüstung

Die Ausrüstung muß zweckmäßig, vollständig und funktionsfähig sein. Die eigene aber auch die Ausrüstung des Partners muß so vertraut sein, daß sie auch im Dunkeln, bei schlechter Sicht, mit Handschuhen und unter Notfallsituationen bedient werden kann.

1.3.1 Luftversorgung

Der Atemregler muß mit einem zweiten Lungenautomaten ausgestattet sein, da die Wechselatmung wegen der höhern psychischen Belastung , enger Durchgänge und der zusätzlichen Behinderung durch weitere Ausrüstung (z.B. Lampe) schwierig oder sogar unmöglich ist.

Bei tieferem Eindringen in das Wrack muß eine getrennte zweite Luftversorgung (Doppelflaschengerät mit zwei getrennten Atemreglern) vorgesehen werden. Dabei darauf achten, daß immer wechselseitig aus beiden Flaschen geatmet wird, also nie eine Flasche ganz leer atmen. Die Lungenautomaten sollten mit einer Vorrichtung zur Unterdrückung des Injektoreffektes ausgerüstet sein. Bei kurzem Anschlagen des gerade nicht benutzten Automaten könnte dieser sonst sofort frei abblasen, so daß die Flasche sehr schnell leer ist. Da der Finimeter möglicherweise wegen schlechter Bedingungen nicht abgelesen werden kann, ist eine weitere Warneinrichtung (Reserveschaltung, akustische Warnung) empfehlenswert. Das ist umso wichtiger, da bei Tauchgängen dieser Art oft Zeit- und Raumgefühl verloren gehen!.

Es sollten nur Automaten mit DIN - Handradanschluß verwendet werden. Bei den INT - Bügelanschlüssen besteht die Gefahr, daß durch einen Schlag gegen den Druckminderer der Anschluß undicht wird oder gar abbricht.

Dies ist beispielsweise eine Empfehlung der Organisation amerikanische Höhlentaucher.

1.3.2 Instrumente

Alle Instrumente wie Finimeter, Tiefenmesser, Uhr, Kompaß (wenn überhaupt verwendbar) und Computer müssen entweder beleuchtet oder mindestens nachleuchtend sein. Werden sie dann mit der Lampe kurz angestrahlt, leuchten sie noch einige Zeit selbst nach und können abgelesen werden. Tauchcomputer können bei direkter Anstrahlung nicht abgelesen werden, die Anzeige wird jedoch bei Streulicht sichtbar. Der Lichtstrahl der Lampe muß also über die Anzeige parallel zur Scheibe gelenkt werden.

An einigen Instrumenten können auch Mini-Leuchtstäbe befestigt werden, die für ausreichende Beleuchtung der Instrumente während des Tauchganges sorgen. Sie sind allerdings ebenso teuer wie ein Satz Trockenbatterien für eine Minitaucherlampe.

Eine Unterwasser - Schreibtafel für Notizen sollte die Ausrüstung ergänzen.

1.3.3 Messer

Ein scharfes Messer oder eine (rostfreie) Schere sind lebensrettend, wenn man sich in Leinen oder Netzen verfangen hat.

1.3.4 Tarierung

Die Tarierung muß einwandfrei sein, auch um zu verhindern, daß durch den nach unten gerichteten Flossenschlag zusätzlich Sediment aufgewirbelt wird.

Der Bleigurt muß sicher befestigt sein -- ein Taucher, der in einem Raum seinen Gurt verliert, wird ähnlich hilflos an der Decke des Raumes hängen, wie eine an Land auf den Rücken gedrehte Schildkröte.

1.3.5 Tauchlampe

Die wichtigste Zusatzausrüstung für Wracktauchgänge ist die Taucherlampe. Sie muß dicht sein, hell leuchten und eine Brenndauer haben, die wesentlich länger ist als der geplante Tauchgang. Jeder Taucher muß mit einer Lampe und mindestens einer Reservelampe ausgerüstet sein. Die Hauptlampe sollte mindestens 20 Watt Leistung haben, die Obergrenze sollte bei etwa 50 Watt liegen. Lampen noch höherer Leistung sind sehr schwer und teuer.

Neben der Leistung ist auch der Leuchtwinkel von Bedeutung. Punktstrahler (Spot) haben einen Leuchtwinkel von etwa 10° und müssen daher mehr geschwenkt werden, um die Umgebung auszuleuchten. Beistrahler (Flood) haben ca. 25° Abstrahlwinkel, Filmscheinwerfer sogar bis 100°.(Abb.2)

Alle Lampen müssen mit Handschlaufen, besser noch mit einer kurzen Sicherungsleine und Karabinerhaken ausgerüstet sein. Damit können sie nicht verloren gehen, wenn sie kurzzeitig losgelassen werden. Die Karabinerhaken dürfen jedoch im Notfall nicht das Ablegen der Lampe behindern und auf keinen Fall die Gefahr des Hängenbleibens bergen. (Öffnung des Karabinerhakens nach innen !!)

ACHTUNG:

> Für den Transport der Lampen muß eine Transportsicherung vorhanden sein, die das selbständige Einschalten der Lampe sicher verhindert. Bei Flugreisen oder langem Autotransport soll eine zusätzliche Sicherung durch Herausnehmen des Brenners oder einer Batterie bzw. eines Akkus bzw. durch Isolieren eines Kontaktes oder polverkehrtes Einsetzen eines Akkus erfolgen. Die Frontscheibe einer eingeschalteten 100 Watt-Lampe wird so heiß, daß man darauf Spiegeleier braten könnte! (Brandgefahr)

Halogenbrenner beim Herausnehmen und Wiedereinsetzen nicht mit den Fingern berühren, da sich der Hautschweiß einbrennen und dies zu Lichtverlust führen kann! Lampen können mit Batterien oder wiederaufladbaren Akkus betrieben werden.

Für den umweltbewußten Taucher sollte es eine Selbstverständlichkeit sein, verbrauchte Batterien nicht im Urlaubsgebiet (z.B. auf den Malediven) zurückzulassen, wo sie mit dem übrigen Abfall im Meer landen, sondern sie wieder mit nach Hause zu nehmen und dort in Sammelbehälter zu werfen.

1.3.6 Leinensicherung

Wenn wir tiefer in ein Wrack eindringen wollen, ähnelt das dem Höhlentauchen! Wie beim Höhlentauchen so ist auch hier eine Markierung des Rückweges wichtig. Ein vorher klarer und übersichtlicher Gang kann durch aufgewirbelte Sedimente schnell an Sicht einbüßen, wobei der Taucher die Orientierung verliert. Nur durch eine Leinen- oder Drahtverbindung nach außen ist dann der Rückweg gesichert.

Führungsleine oder -draht sollten auf einer Rolle aufgewickelt sein und in bestimmten Abständen Markierungen haben, die in Richtung des Ausganges weisen. Sind es Leinen, so sollten sie farbig sein, möglichst noch nachleuchtende Eigenschaften und 5 mm Durchmesser haben, so daß sie gut sichtbar und greifbar sind. Es sollten keine Schwimmleinen sein, da sie sonst immer an der Decke der Gänge und Räume hängen.

Beim Eindringen in das Wrack wird die Leine oder der Draht langsam von der fest mit der Ausrüstung des Tauchers verbundenen Spule abgespult und beim Rückweg wieder aufgespult.

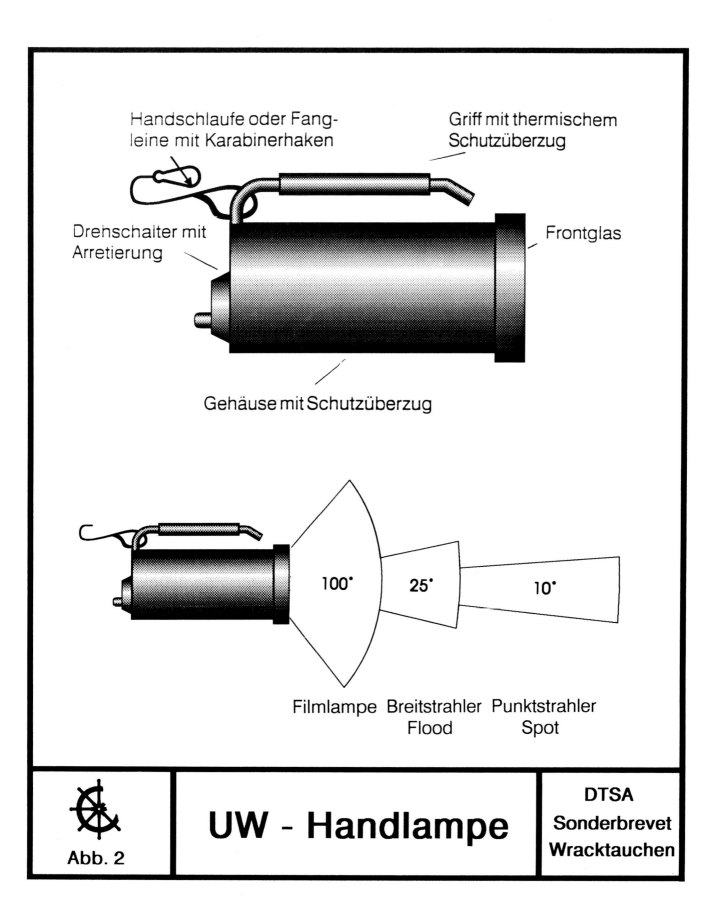

Niemals Rolle lösen, wenn nicht Rückweg z.B. durch einen klar erkennbaren anderen Ausgang gesichert ist und alle Teilnehmer der Gruppe das Wrack verlassen haben.

Merke: Nicht überall wo Licht herkommt ist auch ein Ausgang! Durch ein Bullauge paßt allenfalls eine Hand oder ein Kopf, nicht aber ein Taucher!

<u>WICHTIG:</u>

Wie beim Höhlentauchen gelten auch beim Wracktauchen die 3 L

> Licht   Luft   Leine
>
> wobei für Licht und Luft weiter gilt
> $1/3$ für den Hinweg
> $2/3$ für den Rückweg

2. Wracks

2.1 Schiffsbau

Die Schiffsbaukunst gehört wohl mit zu den ältesten Fertigkeiten des Menschen. Ob Flöße, Boote aus Binsen, aus einem einzelnen Baumstamm geschlagen oder aus Holz zusammen gebaut, es erforderte Fähigkeiten und Kenntnisse, diese Gebilde schwimmfähig und sicher zu machen. Diese Erfahrungen gingen auf Kosten von Menschenleben, auseinander gebrochenen, gekenterter oder sonstwie verunglückten Wasserfahrzeugen. Sie waren aber die Grundlage für immer größere und seetüchtigere Schiffe, die auch schon in frühester Zeit für kriegerische Auseinandersetzungen eingesetzt wurden. So kämpften z.B. phönizische, griechische, römische und byzantinische Flotten von Handels- und Kriegsschiffen um Märkte und Landbesitz. Im Römischen Reich, das wegen seiner großen Ausdehnung und den intensiven Handelsbeziehungen zu seinen Kolonien sehr auf die Schiffahrt angewiesen war, erreichte die Schiffsbaukunst einen Höhepunkt.

Schiffe von 80 m Länge und 26 m Breite wurden z.B. im Nemi-See ausgegraben, wo sie wohl als Prunkschiffe mit allem erdenklichem Komfort ausgestattet dem Kaiser und seinem Clan zur Kurzweil dienten. Die üblichen römischen Frachter, die das Mittelmeer befuhren, waren meist etwa 30 m lang und 9 m breit.

Alle diese Schiffe waren aus Holz gebaut, die einzelnen Planken und Spanten durch Holzdübel miteinander verbunden.

Ganze Wälder im Mittelmeerraum wurden dazu abgeholzt, das Waldsterben ist sicher keine Erfindung unserer Tage! Ein Feind der Holzschiffe war der

Toredo-Holzwurm, der es schafft, dicke, ungeschützte Holzplanken in kürzester Zeit zu durchbohren. Zum Schutz dagegen wurden bereits im Altertum die Unterwasserteile des Schiffsbodens mit Blei- oder Kupferblech beschlagen. Von allen diesen Schiffen blieb wenig übrig. Einzelne Holzteile, soweit sie tief im Sand oder Schlamm eingebettet waren, geben heute Zeugnis vom hohen Stand der Schiffsbaukunst jener Zeit.

Lediglich Teile der Ladung, z.B. die damaligen Einweggefäße - Amphoren, bauchige Gefäße aus gebranntem Ton - überstanden die lange Lagerzeit am Grund des Meeres.

Da diese "Amphorenfelder" der Wissenschaft wertvolle Hilfen geben bei der Erforschung des Lebens und der Handelswege -- solange sie unzerstört sind -- müssen sie für Sporttaucher tabu sein.

Bis in die Mitte des 18.Jahrhunderts galten die Verfechter von Eisenschiffen als Träumer und Spinner. Holz schwimmt, Eisen geht unter - diese Tatsache war doch ganz klar, wenn man Stücke von diesen zwei Materialien in das Wasser warf!

Bis etwa 1920 im Einsatz. Rumpf und Masten aus Holz oder Stahl. Kompakte Bauform, kleine Ladeluken, daher als Wrack gefährlich zu betauchen.

Abb. 3	**Segelschiff**	DTSA Sonderbrevet Wracktauchen

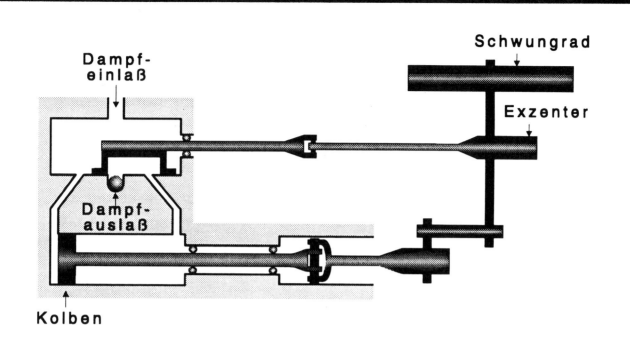

Prinzip einer einfachen Dampfmaschine

Der sich entspannende und kondensierende Dampf übt auf den Kolben eine Kraft aus. Die hin - und hergehende Kolbenbewegung wird über einen Exzenter in eine Drehbewegung umgesetzt.
Das Schwungrad dient zur Überwindung des linken und rechten Totpunktes.

Abb. 4	**Dampfmaschine**	DTSA Sonderbrevet Wracktauchen

Trotzdem schaffte es

1787 John Wilkinson, daß sein 22m langer Eisenkahn "Trial" schwamm. Das Eisen war eben aus Platten so zusammengefügt, daß das Gewicht des verdrängten Wassers wesentlich größer war als das Gewicht des Kahns.

1821 überquerte so ein Eisenschiff, die 32,3 m lange "Aaron Manby" sogar mit einer Dampfmaschine ausgestattet, aus eigener Kraft den Ärmelkanal.

1850 wurde die "Great Eastern" in England gebaut, der erste "Ozeanriese", der Schaufelräder, Propeller aber auch noch Besegelung hatte.

Bei der Eisenbauweise wurden zuerst Eisen- später Stahlplatten noch durch Nieten verbunden. Die Platten überlappten dabei und wurden gemeinsam durchbohrt. In jedes dieser Löcher wurde eine glühende Niete mit Halbrundkopf gesteckt und vernietet. Beim Abkühlen der Niete zog sie sich zusammen und presste die beiden Stahlplatten fest und wasserdicht aufeinander. An belasteten Stellen sind die Nietköpfe dicht an dicht, teilweise noch in mehreren Reihen angebracht.

Auf einer Werft mit Dutzenden von Arbeitern, die mit großen Hämmern die Nieten am Schiffsrumpf bearbeiteten, herrschte ein Höllenlärm.

Ab etwa 1920 wurde das Nieten der Platten durch Schweißen ersetzt. Die Stahlplatten wurden dazu überlappend oder auf Stoß zusammengeschweißt. In einer Übergangsphase wurden natürlich auch beide Montageverfahren parallel eingesetzt. Die Tatsache, ob ein Wrack genietet oder geschweißt ist, ist schon ein gewisser Hinweis auf das Alter! Nieten von hochbeanspruchten Bereichen fanden bis Ende der 60er Jahre Verwendung (z.B. Queen Elizabeth 2)

Eine etwas kurzlebige Variante war die Verwendung von armiertem Beton als Baumaterial im 2. Weltkrieg. Die USA forcierten den Bau solcher Frachtschiffe, um England besser versorgen zu können. Dieses Material wird heute teilweise noch bei Bohrinseln verwendet.

Der Übergang von Segel- auf Dampfbetrieb erfolgte etwa zwischen 1850 und 1925.

Ab 1850 baute z.B. England keine Kriegssegelschiffe mehr. Frachtschiffe wie z.B. die schnellsegelnden Klipper wurden zwar noch bis 1890 gebaut, mehr und mehr aber durch Dampfschiffe ersetzt, oft allerdings noch mit einer zusätzlichen Besegelung.

Gerade die Dampfmaschine, ein kompakter Block bestehend aus dem Kessel mit den Siederohren, der eigentlichen Maschine, dem Schwungrad und der Welle ist meist noch recht gut zu erkennen, selbst wenn der Rest des Schiffes schon restlos zerschlagen ist.(Abb.4)

Diese Schiffe der Übergangsphase mit einer zusätzlichen Besegelung hatten sehr robust gebaute Schiffskörper. Zahlreiche Decks, Schotts und Verstrebungen gaben dem Schiff die Festigkeit, um den Kräften der Maschine und der Besegelung im Zusammenspiel mit den Kräften des Meeres zu widerstehen.

Querschnitt durch ein sehr altes - und ein modernes Schiff

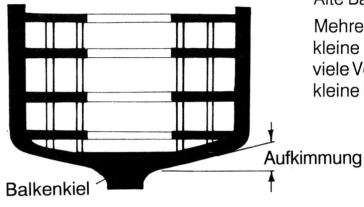

Alte Bauform:

Mehrere Decks,
kleine Räume,
viele Verstrebungen,
kleine Laderäume.

Aufkimmung

Balkenkiel

Ab 1950 fast nur noch 1 Zwischendeck üblich!

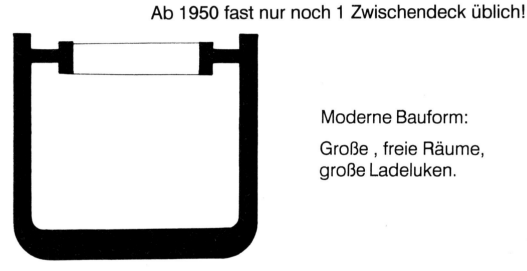

Moderne Bauform:

Große, freie Räume,
große Ladeluken.

Flachkiel

Abb. 5	**Rumpfformen**	DTSA Sonderbrevet Wracktauchen

Die Luken für die Beladung waren relativ klein. Ein moderner Frachter ist aus Kostengründen darauf angewiesen, sehr schnell be- und entladen zu werden.(Abb.6)

Die riesigen Laderäume gehen ohne Verstrebungen vom Schiffsboden bis zum Oberdeck, die Ladeluken überdecken fast das ganze Schiff. Das bringt natürlich große Festigkeitsprobleme mit sich. Sie werden durch einen stabilen Boden, auf Oberdeckhöhe umlaufenden Verstärkungen und natürlich durch -- im Vergleich zum früherem Schiffsbau -- bessere Stahlsorten behoben.

Werden allerdings die berechneten Grenzbelastungen überschritten, z.B. beim Auflaufen auf ein Riff, bei Zusammenstößen oder bei anderen Unglücken, sind diese riesigen, ungestützten Flächen der Bordwände oft sehr schnell zerbrochen. Übrig bleibt dann nur der Boden sowie die kompakt gebauten Teile des Vor- und Achterschiffes mit der Maschinenanlage und der Brücke. Andere Schiffstypen , wie z.B. Kriegsschiffe, sind hier wesentlich stabiler gebaut. Ihre Aufgabe ist es ja, zu imponieren, zu beschießen bzw. sich beschießen zu lassen und versenkt zu werden (die Schiffe der Gegner natürlich nur !). Durch zahlreiche Schotts abgeteilt, wegen der gewünschten hohen Geschwindigkeit mit riesigen Maschinen bestückt und durch eine Panzerung mit dicken Stahlplatten geschützt, sollen sie unverwundbar und unsinkbar sein.

Als Wrack sind sie durch diese Bauform auch fast unbegrenzt haltbar, beim Wracktauchen aber auch wegen der vielen engen Gänge besonders gefährlich.

2.2 Aufbau eines Schiffes, Schiffstypen

Moderne Schiffe sind aus Stahl, elektrisch zusammengeschweißt und optimal ihrem Verwendungzweck angepaßt. Während für Kriegsschiffe Schnelligkeit, Bewaffnung, und Manöverierfähigkeit ausschlaggebend ist, zählen bei Handelsschiffen die schnelle Be- und Entlademöglichkeit und die leichte Handhabung , um mit möglichst wenig Personal auszukommen .

Eines der Hauptmerkmale ist daher der Schiffstyp, handelt es sich um ein Handels- oder Kriegsschiff oder um ein Sonderschiffsbau (wie Forschungs-, Fischereischiffe, Schlepper, Eisbrecher, usw.). Unter die Handelsschiffe fallen die Frachter, Tanker, Passagierschiffe und Fähren.

Ein weiterer Punkt ist die Größe des Schiffes. Bei Handelsschiffen wird sie in Bruttoregistertonnen (BRT) bzw. neu in der Bruttoregisterzahl (BRZ) angegeben. Es klingt zwar wie ein Gewicht, ist aber ein Raummaß - wobei eine BRT 2,83 m^3 entspricht. Gemessen wird dabei das gesamte Volumen einschließlich der Aufbauten.(Abb. 7)

Bei Kriegsschiffen wird die Wasserverdrängung (Deplacement) angegeben, Maßeinheit ebenfalls in Tonnen. Das Gewicht des verdrängten Wassers ist dabei gleich dem Gewicht des Schiffes. Auch die Bauformen haben sich für die einzelnen Schiffstypen mit der Zeit geändert. Bei des Handelsschiffen wurden die Ladeluken immer größer, bordeigene Kräne sollten gewährleisten, daß das Schiff auch außerhalb der Häfen be - und entladen werden konnte.

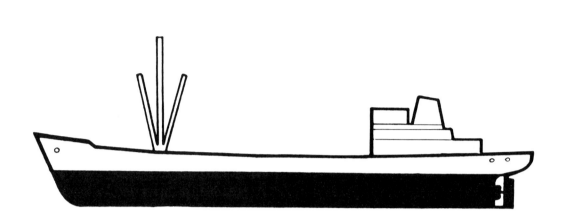

Frachtschiff.
Verschiedene Ausführungen je nach Anforderung.
Hier dargestellt mit Aufbauten am Heck.
In den Aufbauten sind enthalten die Kommandobrücke mit
Funkraum, Mannschaftsunterkünfte und Maschinenraum.
Der große Schornstein dient mehr zur Dekoration, er beinhaltet die Abgasleitungen der Maschine und Lüftungskanäle.
Vorschiff mit Lagerräume für Schiffszubehör.
Laderäume für die Fracht liegen zwischen Vorschiff und
Aufbauten.

| Abb. 6 | **Küstenfrachter** | DTSA Sonderbrevet Wracktauchen |

**Bruttoregistertonnen
BRT**

Raummaß für das Volumen des gesamten Schiffes
(schwarz)   1 BRT = 2,83 m^3

**Nettoregistertonnen
NRT**

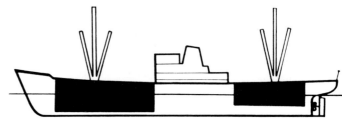

Raummaß für das Volumen der Laderäume (schwarz)
1 NRT = 2,83 m^3

Wasserverdrängung

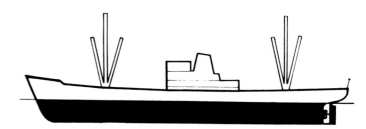

(Deplacement) Wasserverdrängung des Schiffes (schwarz). Das Gewicht des verdrängten Wassers ist gleich dem Gewicht des Schiffes.

Deadweight tdw   Tragfähigkeit incl. Ladung, Proviant, Wasser und Brennstoff

BRT und NRT sind Raummaße, Wasserverdrängung und Deadweight Gewichte in Tonnen gemessen.

Abb. 7

Schiffsgröße

DTSA
Sonderbrevet
Wracktauchen

Ab dem 18.4.1994 wird die Vermessung nach BRT und NRT einheitlich durch die Vermessung nach der Bruttoraumzahl ersetzt, die aber für den Laien etwas undurchsichtig ist. Sie soll bei modernen Schiffen wie zum Beispiel bei Autotransportern und Küstenmotorschiffen eine gerechtere Berechnung der Hafengebühren ermöglichen.

Tiefgangsmarken

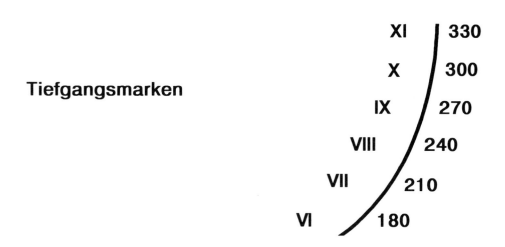

Markierungen in Fuß (römische Zahlen) und Zentimeter (arabische Zahlen) am Bug des Schiffes.
Sie geben den Abstand zwischen Wasseroberfläche und Kiel an.
Ähnliche Marken befinden sich am Heck und bei größeren Schiffen zusätzlich noch auf halber Schiffslänge.

Freibordmarke   -"Plimsoll-Marke"-

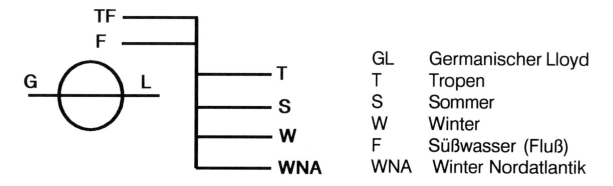

GL	Germanischer Lloyd
T	Tropen
S	Sommer
W	Winter
F	Süßwasser (Fluß)
WNA	Winter Nordatlantik

Sie gibt an, wie weit das Schiff in den verschiedenen Gewässern zu den verschiedenen Jahreszeiten voll beladen eintauchen darf.

Abb. 8

Tiefgang

Tauchsport-
seminar
Wracktauchen

Der Meier- bzw. Klipperbug wich mehr und mehr dem Wulstbug, der mehr Auftrieb, besseren Strömungsverlauf und damit Brennstoffersparnis bringen soll.(Abb. 9)

Die Maschinenanlage ist wegen ihres Gewichtes und zur besseren Schwerpunktlage im hinteren Schiffsdrittel meist knapp über dem Schiffsboden eingebaut. In den darüber liegenden Aufbauten sind die Mannschaftsräume und darüber die Brücke mit Ruderhaus und Funkbude. Von dieser Kommandozentrale muß eine gute Übersicht über das ganze Schiff möglich sein. Wäre z.B. die Brücke sehr weit vorne, wie es bei einigen Spezialschiffen der Fall ist, würden bei schwerer See die Brecher immer gegen die Brückenaufbauten klatschen.

2.3 Entstehung der Wracks

Der Untergang von Schiffen und damit die Entstehung von Wracks gehört nicht der Vergangenheit an. Auch heute noch gehen jährlich hunderte von Schiffen aller Art und Größe weltweit verloren.

Das hat nichts mit dem Geheimnis des Bermuda-Dreiecks zu tun, wenn solche Verluste sogar spurlos erfolgen.

Trotz Kompaß, Trägheits- und Satellitennavigation, trotz Funk und Radar gibt es Gefahren mannigfaltiger Art, die solche Verluste höchst real erklären. Es sind auch nicht unbedingt Schiffe mit schlecht ausgebildeter Mannschaft unter "Billigflagge", die Unfälle verursachen – menschliche Schwächen gehen durch alle Nationen.

Selbst in der Deutschen Bucht und der Zufahrt zum Hamburger Hafen, einem Gewässer, welches rund um die Uhr überwacht wird, kommt es zu Kollisionen.

Auch die Gefahren der See sind nicht zu unterschätzen. Stürme, die Wellen bis über 30 m Höhe auftürmen, und die Winddrücke auf den großen Flächen der Schiffe erzeugen, die die Maschinen und Ruderanlage nahezu wirkungslos erscheinen lassen, sind oft der Grund für Schiffsverluste.

Aber auch ruhigste See kann tückisch sein. In Korallenmeeren wie z.B. dem Rotem Meer wachsen die Korallenriffe bis dicht unter die Oberfläche. Bei glatter See und tiefstehender Sonne, sind sie -- wenn nicht durch Leuchtfeuer oder Bojen gekennzeichnet -- nicht zu erkennen. So sind z.B. die vier einträchtig nebeneinander liegenden Wracks am Riff von Abu Nuhas bei Hurghada ein gutes Beispiel für diese Gefahren.(Abb. 11)

Ein weiterer Grund von Schiffsverlusten sind kriegerische Auseinandersetzungen. Die bekanntesten Beispiele solcher Schiffsfriedhöfe sind Truk Lagoon im Pazifik, wo eine ganze Flotte von japanischen Kriegs- und Handelsschiffen durch amerikanische Flugzeuge versenkt wurde, und Scapa Flow in Schottland, wo sich die an die Alliierten ausgelieferte kaiserliche Flotte 1919 selbst versenkte.

Weitere Schiffsverluste sind absichtlich herbeigeführte, um etwa die Versicherungssumme für Schiff und Ladung zu kassieren.

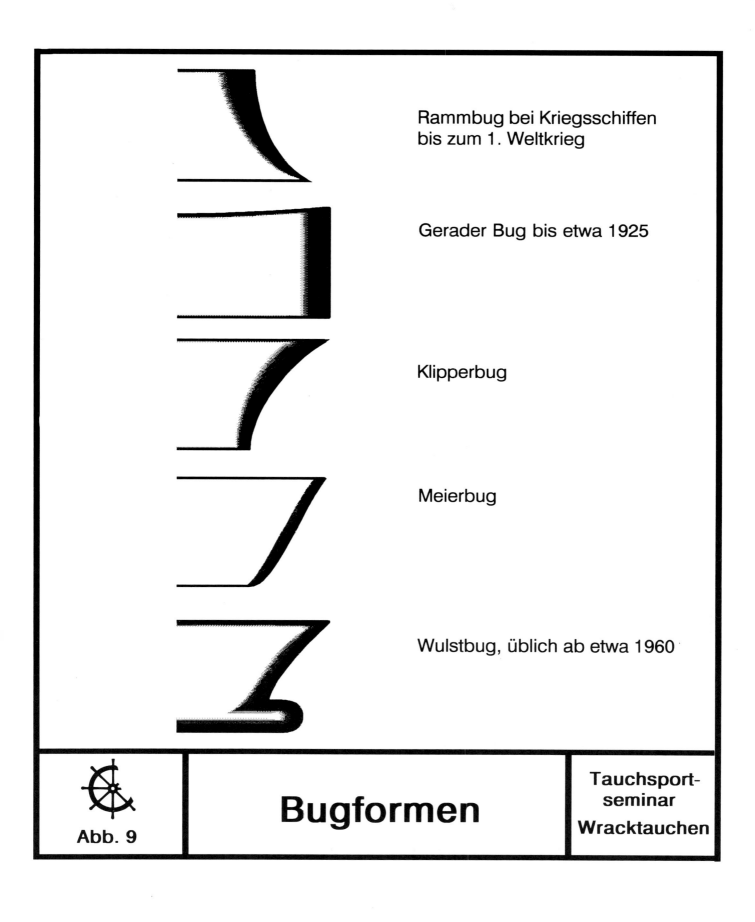

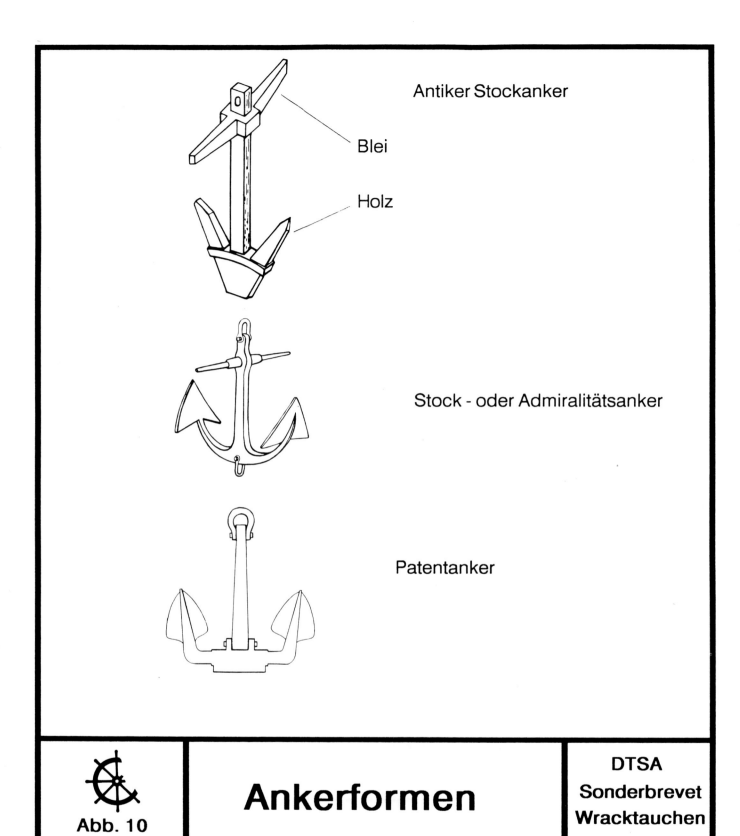

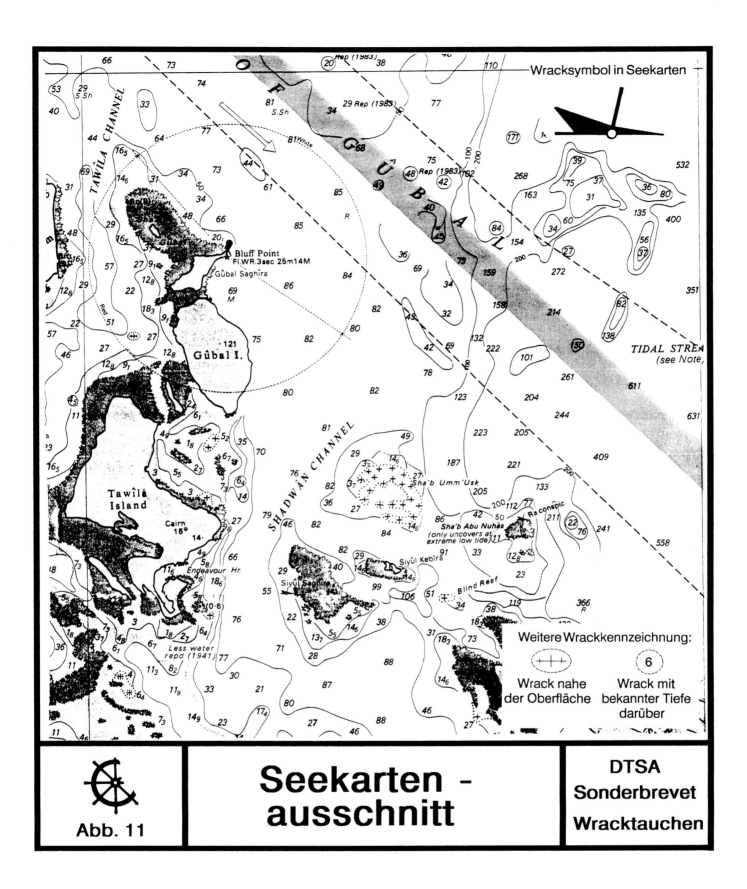

Abb. 11 — Seekarten-ausschnitt — DTSA Sonderbrevet Wracktauchen

Eine in den letzten Jahren zunehmende Praxis ist das Versenken von ausgeschlachteten Schiffen an beliebten Tauchplätzen, um den Sporttauchern eine zusätzliche Attraktion zu bieten. Je nach Gewässer sind die so entstandenen Wracks in kurzer Zeit dicht bewachsen und unterscheiden sich nicht von anderen "natürlich" entstandenen Wracks.

2.4   Suchen und Wiederfinden von Wracks

Das Suchen von Wracks ist mehr eine Detektivarbeit. Liegen die Wracks in einer für die Schiffahrt gefährlichen Tiefe, sind sie meist auch in den Seekarten eingezeichnet. Selbst dann ist es noch schwierig, die genaue Lage zu ermitteln. Manchmal hilft es, einheimische Fischer zu fragen. Entweder sie kennen die Lage, weil sie dort meist erfolgreich angeln, oder sie haben dort schon Netze eingebüßt. Zu einer effektiven Suche gehört dann noch ein Echolot oder Magnetometer, mit dem der fragliche Bereich vom Boot aus abgesucht werden kann. Es sollte dann schon eine Markierungsboje bereit liegen, die beim ersten Kontakt über Bord geworfen wird und die Fundstelle markiert. Die Kontrolle kann dann durch Taucher erfolgen, die an der Bojenleine oder besser noch an der Ankerkette abtauchen.

Achtung :

> Ankerlage kontrollieren, er muß halten, darf aber auf keinen Fall im Wrack verkeilt sein, sonst kann er ohne Hilfe von Taucher nicht gehoben werden.

Findet man während eines Tauchganges Wrackreste oder ein Wrack, möchte man diesen Punkt natürlich bei späteren Tauchgängen wiederfinden.

Erste Maßnahme dazu ist eine Suche in der Umgebung, ob weitere Teile des Wracks vorhanden sind, in welcher Richtung das Wrack liegt, welche markanten Punkte es in der Umgebung gibt und dann natürlich die genaue Tiefe z.B. am Bug und am Heck. Die Tiefe sollte genau gemessen werden (Computer). Auch die Tiefe der oberen Teile des Wracks sollten notiert werden (Mast und Ruderhaus).

Unmittelbar am Wrack wird langsam aufgetaucht, zuvor eventuell eine kleine Markierungsboje gesetzt. An der Oberfläche versuchen Peilpunkte zu finden, die zur Deckung gebracht die genaue Lage angeben. Eine genaue Lagefeststellung ist nur über eine Kreuzpeilung möglich, wobei die beiden Peillinien möglichst genau senkrecht zueinander liegen sollten. Sind nur einzelne Punkte (z.B. Berggipfel) sichtbar, werden diese Punkte mit dem Kompaß angepeilt. Auch hier sind zwei Peilungen möglichst im Winkel von 90° zueinander nötig.(Abb. 12)

Zum Wiederfinden des Wracks an der Oberfläche diesen Punkt wieder suchen, abtauchen und der vorher gemessenen Tiefenlinie folgen (zuerst in der einen, wenn erfolglos in der anderen Richtung) bis das Wrack gefunden ist.

Bei vollkommen ebenem Grund gibt die gemessene Tiefe natürlich keinen Aufschluß über die Lage des Wracks. In diesem Fall wird nur abgetaucht bis in die Tiefe, die an den obersten Erhebungen des Wracks gemessen wurden. Wird das Wrack dort nicht gefunden, muß gesucht werden.

Dazu dreht man am angekommenen Punkt in die nächste Hauptrichtung, z.B. Norden, und schwimmt auf etwa 2/3 der Sichtweite von diesem Punkt weg, wobei die Flossenschläge gezählt werden. Jetzt 90° Drehung, in die nächste Hauptrichtung, jetzt z.B. Westen, und die doppelte Flossenschlagzahl, dann eine weitere 90° Drehung, jetzt z.B. Süden, und die 3fache Flossenschlagzahl, usw. bis das Wrack gefunden wird. Dadurch, daß nicht auf die volle Tiefe abgetaucht wird, spart man Luft und "Nullzeit" (Abb. 13).

2.5 Zustand und Bestimmung von Wracks

Für den Zustand des Wracks sind zahlreiche Faktoren maßgebend:

<u>Alter</u>: Dabei ist einmal natürlich die Dauer des Wrackdaseins gemeint, weiterhin aber auch das bei der Herstellung verwendete Baumateial wie Holz, Eisen oder Stahl.

<u>Tiefe</u>: Sie hat einen entscheidenden Anteil am Zustand eines Wracks.

Liegt es zu flach, evtl. noch innerhalb von Schiffahrtsrouten, wird es meist gesprengt. Solch ein Wrack stellt dann nur noch einen zerfetzten Haufen von Eisenteilen dar, die gefährlich werden können. Weiterhin werden flach liegende Wracks von Wellen bzw. der Dünung beeinflußt. Durch die Hin- und Herbewegung brechen die Wände schnell, außerdem werden sich Teile des Wracks im Sand oder Schlamm eingraben. Bei hohem Lichteinfall wird das Wrack auch schnell von Algen bzw. Korallen besiedelt. Die dabei speziell in den Tropen hohen Sauerstoffübersättigungen fördern die Oxidation. Tiefer liegende Wracks werden allenfalls noch von Strömungen beeinflußt.

<u>Temperatur, Salzgehalt</u>: Im kalten, schlammigen, sauerstoffarmen Binnengewässern halten sich auch Holzteile sehr gut. In tropischen Gewässern werden organische Teile wie Holz schnell vom Toredewurm durchlöchert, Metallteile von Korallen und Schwämmen überwachsen. Das Korallenwachstum richtet sich nach den Umgebungsbedingungen. Tischkorallen können z.B. bis zu 10 cm pro Jahr im Durchmesser wachsen.

<u>Bestimmung von Wracks</u>: Natürlich besteht immer der Wunsch, näheres über das betauchte Wrack in Erfahrung zu bringen.

Um hier in Archiven oder in der Lloyd's List fündig zu werden, muß soviel wie möglich an Information über das Wrack gesammelt werden.(Abb.14)

Dazu gehören genaue Längen- und Breitenangabe der Fundstelle, unter Umständen die Fahrtrichtung beim Untergang. Die Geschichte dieser Wasserstraße, z.B. wurde der Suezkanal erst im Jahre 1869 eröffnet. Dampfschiffe sind daher im nördlichen Roten Meer mit großer Wahrscheinlichkeit erst nach diesem Zeitpunkt gestrandet.

Allerdings bestand auch vorher schon eine Schiffsverbindung zwischen Suez und Aden.

Art des Schiffes: Kriegsschiff, Frachter, Tanker usw.

Art der Ladung: evtl. Herkunft und Bestimmung

Baumaterial des Schiffes: Bis 1860 wurde generell Holz verwendet, später Eisen bzw. Stahl, wobei in einzelnen Fällen auch Kombinationen möglich waren: die Spanten waren aus Stahl, die Außenhaut aus Holz. Ab 1880 wurde weitgehend Stahl eingesetzt, wobei die Stahlplatten genietet wurden. Ab 1920 wurden die Schiffe teilgeschweißt und ab ca. 1960 ganz geschweißt.

Antrieb: Der Antrieb erfolgte früher mit Segel, zwischen 1850 und 1900 wurde es durch Dampfmaschinen ersetzt, teilweise noch mit zusätzlicher Besegelung.

1897 erstes Schiff mit Dampfturbine, nach dem 1. Weltkrieg Übergang zum Dieselantrieb. Wichtig ist also, welchen Antrieb das Schiff hatte, wieviele Maschinen und Schrauben.

Bauform: Jede Zeit hatte ihre spezielle Bauform. Bei der Bugform gab es bis zum 1. Weltkrieg bei Kriegsschiffen noch den Rammbug. Bei Handelsschiffen hat sich heute der Wulstbug durchgesetzt, der dem Delphinkopf ähnelt. Ebenso gibt es bei der Heckform verschiedene Ausführungen.(Abb. 9)

Ausrüstung: Beliebte Souvenirs sind Teile aus der Kombüse z.B. Teller. Da sie oft von Schiffsausrüstern stammen, die ihr Zeichen auf der Rückseite vermerken, besteht so die Möglichkeit, die Herkunft des Schiffes zu ermitteln. Große Reedereien haben oft auch ihr eigenes Geschirr mit entsprechendem Firmenzeichen.

Name: Üblicherweise führt ein Schiff beiderseits am Bug den Namen, am Heck nochmals Name und Heimathafen. Da in manchen Fällen der Name nicht aufgemalt sondern erhaben aufgeschweißt wurde, läßt sich evtl. so Name und Heimathafen ermitteln.

Größe: Sehr wichtig zur Identifizierung eines Wracks ist dessen Größe. Mit einer in Metern markierten Maßleine oder über die Anzahl der Flossenschläge lassen sich Länge, Breite und Höhe in etwa ermitteln, wenn das Wrack noch nicht zu sehr zerschlagen ist. Das daraus errechnete Volumen (einschließlich der Aufbauten) in Kubikmetern, geteilt durch 2,83 ergibt die Bruttoregistertonnage (BRT).

Bei Kriegsschiffen ist es schwieriger. Sie werden in Wasserverdrängung klassifiziert, die sich aus dem Volumen des Unterwasserschiffes ermitteln läßt.

Fundort: Manchmal läßt sich auch in den Archiven des nächsten Ortes, bei alten Fischern oder Suche in den Wachbüchern eines in der Nähe liegenden Leuchtturmes etwas über den Untergang des Schiffes erfahren. Sind dabei Menschen umgekommen, wird auf dem örtlichem Friedhof sicher ein Vermerk zu finden sein.

Sind genügend Informationen vorhanden, hilft Lloyd's Register in London, das alle seit 1696 gebauten Schiffe enthält.

Unglücksfälle werden in der Lloyds List aufgeführt.

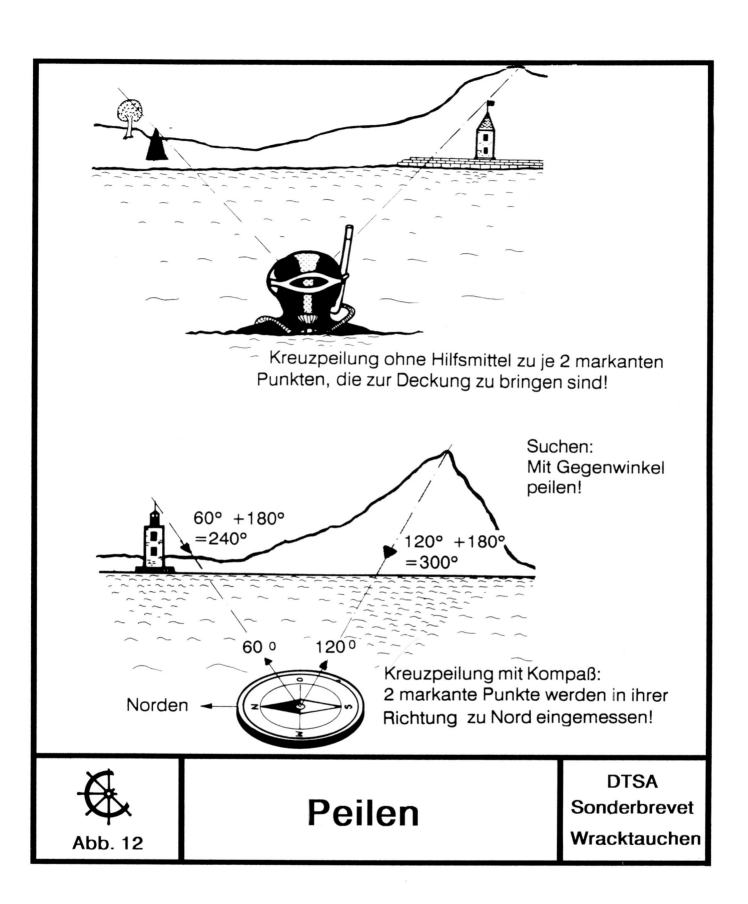

Peilen

Abb. 12 — DTSA Sonderbrevet Wracktauchen

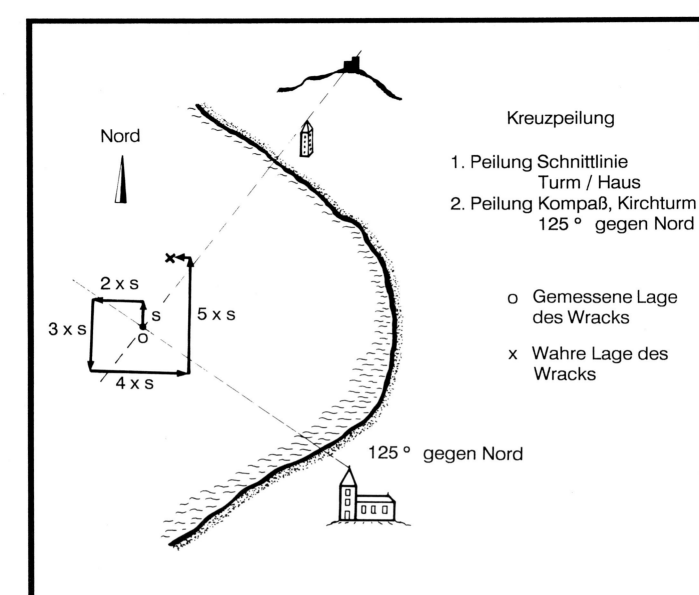

Abb. 13 — **Suchen** — DTSA Sonderbrevet Wracktauchen

Informationen über ein Wrack

Ort : Geographische Länge und Breite, Bezeichnung des Gewässers, des Landes, der Schiffahrtsstraße, des Gebietes (z.B. Riffname), der vermutlichen Fahrtrichtung

Schiffsart : Frachter, Tanker, Kriegsschiff ....

Bauart : Holz, Eisen genietet, kombiniert Holz - Eisen, Stahl geschweißt

Antrieb : Segel, Dampf, kombiniert, Diesel, ein - oder zwei Schrauben, Maschine im Heck oder im Mittelteil

Form : Bug - und Heckform, Aufbauten (soweit noch erkennbar)

Ausrüstung und Ladung

Zustand : Bewuchs, Zerfall in Abhängigkeit von Tiefe, Salzgehalt, Temperatur ...

Größe : Länge, Breite, Höhe. Daraus geschätzt die Größe in Bruttoregistertonnen (BRT) bzw. die Wasserverdrängung

Abb. 14 | **Wrackangaben** | DTSA Sonderbrevet Wracktauchen

Notizen

Skizzen

Notizen/Skizzen — DTSA Sonderbrevet Wracktauchen

3. Gefahren des Wracktauchen (Abb.15)

3.1 Orientierung

Wer schon einmal mit dem "Traumschiff" oder mit einer der großen Autofähren gefahren ist, hat sicher schnell gemerkt, wie schwierig die Orientierung an Bord zu Beginn der Reise ist. Diese vielen Decks, Treppen, Gänge und Abteilungen sind schon im unzerstörten, ebenen und beleuchteten Zustand ein Labyrinth. In Wracks, dunkel, in oft abenteuerlicher Schräglage, mit geborstenen Wänden und verklemmten Türen, mit allen möglichen Hindernissen und oft unter schlechten Sichtbedingungen ist eine Orientierung äußerst schwierig.

Der sonst beim Tauchen so hilfreiche Kompaß wird zumindest bei Eisenschiffen nicht mehr richtig anzeigen. Das gilt für die Umgebung des Wracks, mehr jedoch noch für das Wrackinnere, da das Eisen des Wracks das Magnetfeld der Erde verfälscht. (Abb. 16)

Eine Orientierungsleine, auf einer Rolle an der Ausrüstung befestigt wird daher beim Hineinschwimmen in das Wrack langsam abgerollt. Der Anfang der Leine wird außerhalb des Wracks befestigt! Die Leine soll mindestens 5 mm stark und nachleuchtend sein. Vorsicht an scharfen Ecken und Kanten!

Die Rolle darf erst von der Ausrüstung gelöst werden, wenn alle Taucher der Gruppe wieder das Wrack verlassen haben.

WICHTIG:

Bei Orientierungs- und Partnerverlust Notzeichen:

Gruppen von jeweils 3 Schlägen mit dem Messer auf ein Metallteil des Wracks!

XXX   XXX   XXX   BENÖTIGE HILFE !!!

Vorher aber mit allen Beteiligten absprechen !

Rettungsmittel (z.B. Leinen) bereitstellen.

3.2 Sicht

Im Inneren von Wracks ist kaum mit Strömungen irgend welcher Art zu rechnen. Folge davon ist, daß die sich absetzenden Schwebeteilchen sehr fein sind. Es genügt ein leichter Schwall von den Flossen, daß diese Ablagerungen aufgewirbelt werden und die Sicht trüben.

Auch die aufsteigenden Luftblasen der Ausatemluft erzeugen einen Regen von abgelösten Ablagerungen mit dem gleichen Effekt (Abb. 17).

Ein glasklarer, übersichtlicher Raum kann sich so beim Hineinschwimmen in Sekunden in eine Nebelkammer verwandeln, in dem die Orientierung sofort verloren geht. Falsch wäre es, irgend einem verlockendem Rest von Tageslicht nachzuschwimmen, das sich dann als ein zu kleines Bullauge oder ein vergitterter Ausgang herausstellt, durch den es kein Entkommen gibt.

Auch hier gilt: An der Führungsleine zum Ausgang zurück !

3.3 Hindernisse

Ein Schiff sinkt nach dem Untergang nicht aufrecht, ruhig und gleichmäßig auf den Meeresboden.

Durch unterschiedliche Drücke brechen Zwischenwände, verrutschen Ladungs- und Ausrüstungsteile, beim schrägen Aufprall auf den Meeresboden können Schiffe vollkommen durchbrechen.

Die Folge davon ist, daß in den seltensten Fällen Gänge und Räume frei von Hindernissen sind, an denen man sich verhängen oder dagegenstoßen kann.

Eine weitere Gefahr sind oft scharfkantige, rostige Eisenteile, die schnell Anzug oder Weste aufreißen können.

Eine Gefahr durch Verletzungen kann durch stabile Handschuhe und evtl. auch einen Helm als Kopfschutz, wie er beim Höhlentauchen verwendet wird, eingeschränkt werden. Ein auf ebenem Sandgrund liegendes Wrack ist oft eine Falle für die Netzfischerei. Oft wurden Wracks erst dadurch gefunden, daß Fischer immer wieder an der gleichen Stelle ihre Netze beschädigten oder verloren.

Alte Wracks sind oft über und über mit alten Netzresten verhängt, die kaum verrotten und für Fische wie für Taucher eine dauernde Gefahr bilden.

Auch aus diesem Grund muß sehr darauf geachtet werden, daß alle Ausrüstungsgegenstände wie Finimeter, Zweitautomat, Konsole usw. eng am Körper getragen werden, damit sie sich nicht verhängen können. Das gilt nicht nur für das Wracktauchen sondern sollte generell eingehalten werden! Eine dauernd über den Boden schleifende Konsole oder ein Zweitautomat ist weder im Sinne des Umweltschutzes noch gut für die einwandfreie Funktion der Geräte.

Eine weitere Gefahr besteht durch Lukendeckel und Schotts. Diese ist aber wesentlich geringer als in den diversen Abenteuerfilmen immer beschrieben.

Da Scharniere von Lukendeckeln und Schotts schnell verrosten, blockieren sie auch. In den seltensten Fällen wird also ein Schott oder eine Tür plötzlich zuschlagen. Trotzdem sollte beim Durchschwimmen jede dieser möglichen Eng- bzw. Gefahrenstellen untersucht werden.

Gefahren beim Wracktauchen

Orientierung: Ein Wrack kann ein Labyrinth sein ! Fehlende Kompaßanzeige.

Sicht: Sedimente werden aufgewühlt. Dunkelheit.

Hindernisse: Wrack - und Ladungsteile, geschlossene Lukendeckel, Fischernetze.

Lage: Schräg oder gekentert (abnormale Lage) unterspült (unsichere Lage)

Ladung: Instabil, explosiv, giftig

Psyche: Angst, Platzangst, Schreck, Panik nicht ehrlich, habgierig, höherer Luftverbrauch

Tiefe: Tiefenrausch, Dekounfall

Strömung: Erhöhter Luftverbrauch, kürzere Nullzeit, Abdrift

Ausrüstung: Unvollständig, fehlerhaft, fremd - eigene und die des Partners

Partner: Unsicher, unehrlich, fehlendes Training, unvollständig ausgerüstet

Abb. 15 | **Gefahren** | DTSA Sonderbrevet Wracktauchen

ungestörtes Erdmagnetfeld

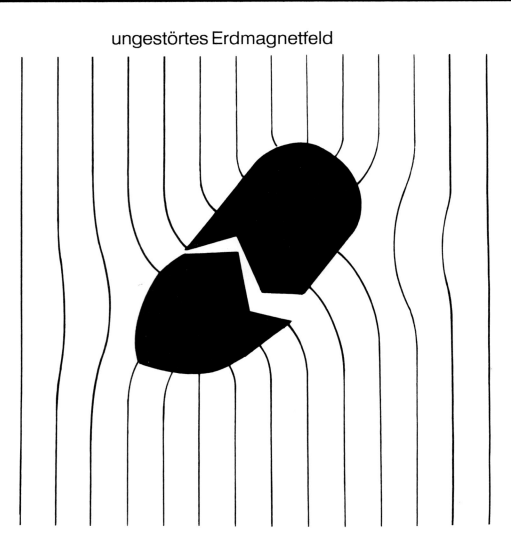

In der Umgebung eines Wracks mit Eisenteilen wird das Magnetfeld der Erde abgelenkt, die Richtungsanzeige des Kompasses ist nicht mehr sicher! Die Kompassnadel stellt sich immer in Richtung der Kraftlinien, in diesem Fall also zum Wrack hin.

Abb. 16	**Erdmagnetfeld**	DTSA Sonderbrevet Wracktauchen

Durch fehlende Strömung in Wracks setzen sich dort sehr feine Schwebeteile aus Schlamm und Rost ab. Es genügt ein leichter Flossenschwall, um die Sicht schlagartig zu verschlechtern.
Auch durch die nach oben steigenden Luftblasen lösen sich solche Schwebeteile von der Decke der Räume und rieseln herab!

Abb. 17	**Sicht**	DTSA Sonderbrevet Wracktauchen

Gefährlich sind auch Engstellen, an denen das Gerät abzulegen ist, um durchzukommen. Das funktioniert zwar, wenn geplant, aber auch noch unter notfallmäßigen Bedingungen auf dem Rückweg ?

3.4 Lage

Je nach Zustand das Bodens, Ursache und Ablauf des Unterganges, Art des Schiffes und der Ladung kann ein Wrack jede Lage auf dem Meeresgrund einnehmen. (Abb. 18)

Durch die tiefe Schwerpunktlage liegen die meisten Wracks aufrecht mit mehr oder weniger großer Schräglage, aber auch kieloben liegende Wracks sind anzutreffen. Hier ist die Gefahr natürlich noch größer, da ja dann die schweren Maschinenteile quasi an die Decke geschraubt sind.

Korrodieren diese Befestigungen, so können diese Teile durch die Decks brechen.

Eine weitere Gefahr ist die Ladung, da ja für eine aufrechte Betriebsart des Schiffes gestaut wurde, jetzt aber mit mehr oder weniger Schräglage ein äußerst instabiles Gleichgewicht herrscht. Es genügt möglicherweise ein leichter Zug an einem Teil, daß die ganze Ladung ins Rutschen kommt.

Instabil kann auch die Lage des Schiffes auf dem Meeresboden sein. Durch Strömungen kann das vorher stabil liegende Wrack teilweise unterspült werden, wodurch sich die Lage ändern bzw. es plötzlich durchbrechen kann.

Auch die in der Dünung hin- und herschwingenden großflächigen Bordwände moderner Frachter und Tanker brechen, wenn das Material an der Biegestelle ermüdet. Die knarrenden und schlagenden Geräusche, die beim Hin- und Herschwingen entstehen, tragen auch nicht gerade zur Beruhigung bei.

3.5 Ladung

Wenn auch die Hoffnung nicht aufgegeben wird, so besteht doch in den wenigsten Fällen die Ladung des gesunkenen Schiffe aus Gold oder anderen Wertsachen.

In der Regel handelt es sich um Stück- oder Massengut, von dem Teile allenfalls Souvenirwert haben.

Gefahren können ausgehen von brennbaren Flüssigkeiten oder Gasen, Druckgasbehälter (z.B. Feuerlöscher, Preßluft- u. Gasflaschen), Chemikalien aber auch von Munition.

Bei brennbaren Flüssigkeiten kann es sich um einen Teil der Ladung oder auch um den Inhalt des Treibstofftanks handeln. Da diese Flüssigkeiten leichter sind als Wasser, können sie sich unter der Decke der Räume sammeln.

Das gilt auch für Gase (z.B. von ausgasenden Batterien). Niemals in vermeintlichen Luftblasen unter der Decke Lungenautomaten heraus nehmen, es kann sich um ein nicht atembares Gasgemisch handeln!

Es ist auch nicht alles trinkbar, was in Flaschen transportiert wird.

Ein großer Teil der Wracks sind durch kriegerische Handlungen entstanden und auch entsprechend beladen.

Vorsicht:

>Munition verliert auch nach 50 Jahren auf dem Meeresgrund nicht seine Gefährlichkeit! Unbedingt auf Souvenirs dieser Art verzichten!

3.6 Psyche

Jede dem Menschen unbekannte Situation erzeugt Stress. Erhöhte Aktivität, Unruhe, womöglich Angst sind die Steigerungen, die auch in Panik umschlagen können, mit ihren unkontrollierten Reflexhandlungen, die tödliche Folgen haben können.

Schon das Tauchen ist für den Menschen eine unbekannte Situation. Die Risiken daraus müssen minimiert werden durch regelmäßiges Training unter wechselnden Bedingungen und den daraus resultierenden Erfahrungen.

Eine weitere unbekannte Situation ist beim Eindringen in Wracks die Dunkelheit, evtl. schlechte Sicht und Tiefe, Geräusche und die Gewissheit, rund herum von Wänden umgeben zu sein, ohne die Möglichkeit im Gefahrenfall auftauchen zu können.

Auch hier erfordert es eine stabile Psyche, Training und Erfahrung, um ruhig zu bleiben.

Auch irreale Gefahren sind belastend; als Beispiel das geheime Grausen, bei Dunkelheit über den Friedhof zu gehen! Bei vielen Wracks sind ja auch Menschen mit versunken, deren Reste möglicherweise plötzlich aus dem Schlamm aufragend im grellen Scheinwerferlicht erscheinen.

Absolute Ehrlichkeit sich und dem Tauchpartner gegenüber ist hier wichtig. Der Tauchpartner darf nicht Krücke sein - so nach dem Motto: alleine traue ich mich nicht, wenn er aber dabei ist...!

Da der Tauchpartner möglicherweise genau so denkt, genügt schon ein kleiner Zwischenfall, um die heile Welt zusammenbrechen zu lassen. Unruhe - Angst - Panik ist der dann mögliche Teufelskreis (Abb. 19).

Bei Unsicherheitsgefühlen sofort Partner verständigen und langsam zurückziehen. Bei Angst sofort auf die Atmung - vor allem die Ausatmung konzentrieren, da schnell bei hastiger, flacher Atmung eine CO_2-Anreicherung mit verstärktem Atemreiz einsetzt (Esoufflement).

Vorsicht bei instabiler Lage des Wracks

Es besteht die Gefahr, daß das Wrack abrutscht bzw.
seine Lage verändert, vor allem kurz nach dem Sinken.
Später besteht die Gefahr des Durchbrechens.
Auch die schräg liegende Ladung kann verrutschen.

 Abb. 18	**Lage**	DTSA Sonderbrevet Wracktauchen

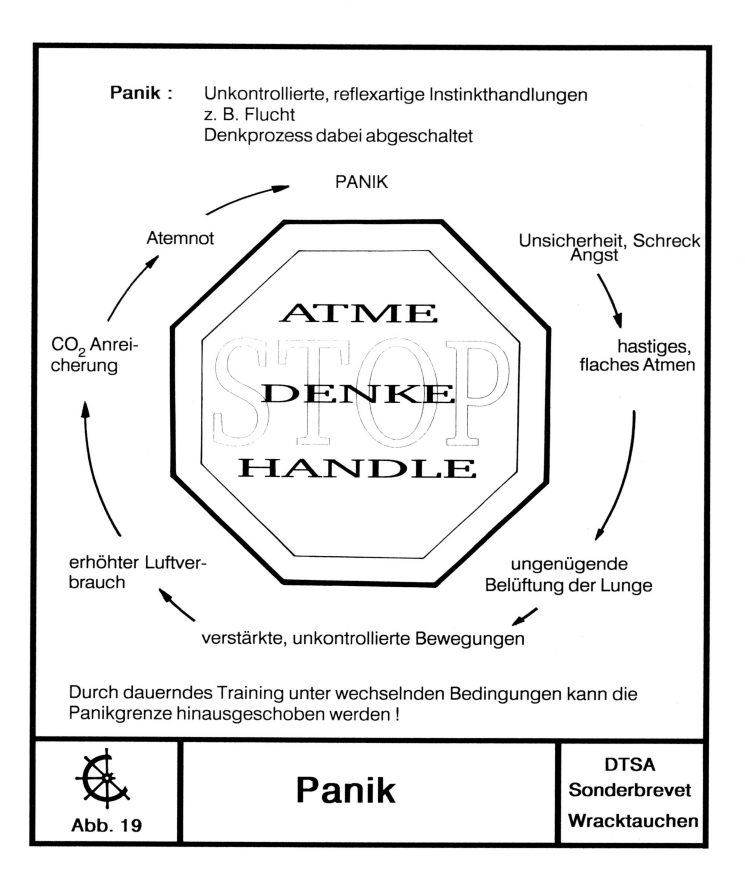

Die Konzentration auf die Atmung lenkt auch etwas von den realen oder irrealen Angstauslösern ab.

Achtung :

> Bei tiefem Eindringen in ein Wrack werden die Grenzen der Sporttaucherei klar überschritten.

Wie auch bei extremem Höhlentauchen wird es hier besser sein, mit der richtigen Ausrüstung alleine zu tauchen !

3.7 Tiere

Wracks liefern hervorragende Versteckmöglichkeiten und werden daher gerne von den verschiedensten Meerestieren besiedelt.

Muränen, Tintenfische, Zackenbarsche, Hummer, Langusten und ähnliche standorttreue Tiere sind anzutreffen.

In keinem entsprechendem Abenteuerfilm fehlt daher auch der Kampf mit Muränen oder großen Kraken.

In der Praxis sind Zwischenfälle dieser Art aber höchst selten. Eine Muräne wird nur im äußersten Notfall, wenn alle Fluchtwege abgeschnitten sind, aggressiv.

Gefährlich ist höchstens der Schreck, wenn man plötzlich im Licht der Lampe so einem Tier Auge in Auge gegenübersteht.

3.8 Weitere Gefahren und zusätzliche Risiken

1. Nachttauchen am Wrack

Tauchgänge dieser Art sollten unter allen Umständen vermieden werden, wenn auch nur die geringste Gefahr besteht, daß man unbemerkt und ungewollt in Räume schwimmen kann.

Da dabei auch noch die sonst hellen Ausgänge nicht erkennbar sind, fehlen jegliche Orientierungsmöglichkeiten.

Sind solche Tauchgänge geplant, muß unbedingt das Wrack vorher bei Tageslicht auf Gefahren dieser Art untersucht werden!

Es soll jedem Teilnehmer des Tauchganges bekannt sein.

2. Tiefe und dekopflichtige Tauchgänge

Interessante Wracks liegen oft sehr tief. Man versucht natürlich, möglichst viel Zeit am Wrack verbringen zu können. Dazu gehören ein sehr schneller Abstieg und eine volle Ausnutzung der Grundzeit bzw. das Einplanen von Dekopausen.

Vergessen wird dabei oft, daß die Dekompressionspausen im freien Wasser am Ankerseil erfolgen müssen und sehr langweilig und kalt sein können. Wichtig dabei ist, daß nur am Ankerseil ab- und aufgetaucht werden darf. Eine Dekompressionspause in freiem Wasser sollte auf jeden Fall vermieden werden.

Beim Erreichen des Wracks beim Abtauchen daher sofort Lage und Festigkeit des Ankers prüfen! Er sollte fest sitzen aber nicht verkeilt sein!

Bei der Berechnung der Dekopausen müssen Zusatzbelastungen (Strömung, mögliche Arbeiten am Wrack) mit berücksichtigt werden - auch bei Benutzung eines Computers.

Bei kurzzeitiger Belastung wird der nächst höhere Tiefenwert in der Tabelle verwendet, bei längeren Belastungen wird die Grundzeit mit dem Faktor 1,5 multipliziert.

Auch der Tiefenrausch, der durch den Stickstoffgehalt der Atemluft bei Tiefen ab 40 m auftreten kann, wird verstärkt durch den am Abend vorher evtl. genossenen Alkohol, durch Medikamente (z.B. gegen Seekrankheit) aber auch durch Kälte und Angst. Also auch aus diesem Grunde sich und den Partner bei Tauchgängen in diesen Tiefen beobachten.

3. Strömung / Seegang

Innerhalb von Wracks ist kaum mit Strömungen zu rechnen. Die Probleme liegen auf dem Weg zum bzw. vom Wrack, vor allem, wenn noch Dekopausen einzuhalten sind (siehe "Tiefe"). Ein quer zur Dünung liegendes Wrack wirkt als Strömungshindernis. Während genau vor dem Wrack ein Stau - also ruhiges Wasser ist, kann es an den Kanten sehr starke Strömungen geben. Das ist auch unter dem Wrack möglich, wenn es nicht überall fest am Boden aufliegt.

Schwimmt man an diesen Punkten vorbei, wenn die Dünung gerade aufläuft, kann man mit großer Gewalt in das Wrack oder in die Engstelle getrieben werden, wobei sehr schnell Ausrüstungsteile beschädigt werden können. Das kann auch in Durchgängen und Türöffnungen erfolgen. Ein voll in der Brandung liegendes Wrack darf nicht betaucht werden. Gegen die Kraft der Wellen hat ein Taucher keine Chancen.

Die Gefahr liegt auch in der Unregelmäßigkeit der Wellen. Mehrere kleine Wellen können den Taucher dazu verführen, näher zu der Gefahrenstelle zu tauchen, dort wird er dann von einer plötzlichen hohen Welle erfaßt. Es ist auch ein Abtreiben während des Aufstiegs möglich. Unbedingt entsprechende Rettungs - und Signalmittel wie Rettundsball, Markierungsblitz, Pfeife, Leuchtraketen, usw. vorsehen.

An Bord muß natürlich immer ein Wache vorhanden und eine Strömungsleine greifbar sein (siehe Sonderbrevet "Strömungstauchen").

4. Tauchsicherheit / Tauchrettung

Die generell bei allen Tauchgängen übliche Tauchgangsvorbesprechung muß beim Wracktauchen um alle die relevanten Punkte aus dieser Aufstellung erweitert werden.

Auch die Maßnahmen bei Zwischenfällen sind genau zu besprechen und entsprechende Vorbereitungen zu treffen!

Wracktauchen gehört - wie Dekotauchen, Nacht- und Strömungstauchen zu den Tauchgängen mit erhöhtem Risiko. Es sollte keine Verdopplung der Risiken (z.B. Wracktauchen bei Nacht) erfolgen.

4. Vorschläge für den Praxisablauf

Wie schon unter 1.2 erwähnt, ist eine wichtige Vorbedingung für das Wracktauchen die psychische Stabilität der Teilnehmer auch bei Dunkelheit.

Empfehlenswert ist es daher, vorher einen normalen Nachttauchgang zu machen. Dabei sollen die Teilnehmer auch beweisen, daß sie ihre Ausrüstung - und die ihrer Partner blind bedienen können. Dieser Tauchgang sollte auch das Atmen aus dem Zweitautomaten des Partners während des Tauchganges beinhalten.

Erster Wracktauchgang

Während dieses Tauchganges sollen die Teilnehmer die Umgebung des Wracks untersuchen und eine Skizze anfertigen. Markante Punkte der Umgebung, der Tiefen, Typ und Größe des Wracks sollen darin angegeben sein. An der Oberfläche soll versucht werden, Peilpunkte zu finden (siehe 2.4 und Abb. 20)

Zweiter Wracktauchgang

Oberdeck, Ruderhaus sowie offen liegende Laderäume werden untersucht, Einstiegsmöglichkeiten (Skylights) bzw. Niedergänge gesucht, ohne allerdings tiefer in das Wrackinnere einzudringen, mögliche Gefahren wie instabile Ladung, Lage und Hindernisse aufgezeigt, Art der Ladung, mögliche Ursachen des Unterganges und Beschädigungen sind zu notieren.

Dritter und vierter Wracktauchgang

Dies sind Wracktauchgänge unter Berücksichtigung aller Sicherheitsaspekte, die in der Theorie angegeben wurden, soweit sie bei dem vorliegendem Wrack anwendbar sind.

Bekanntermaßen werden die Grenzen der Sporttaucherei beim Eindringen in Wracks mit Leinensicherung weit überschritten und wir sollten darauf verzichten.

Beispiel einer Lageskizze mit Beschreibung:

Frachter, Länge etwa 50 m, 15 m vom Riffabhang . Liegt auf leicht abfallendem Sandgrund. Vorschiff total abgebrochen und teilweise im Sand begraben.
Tiefe: Schornstein 4 m, Bugspitze 5 m, Grund am Bug 20 m, am Heck 25 m. Anker in 1 m Tiefe auf dem Riffdach.

Stahlschiff geschweißt, eine Dieselmaschine.
Alle Räume intakt und zugänglich, Holzteile weitgehend zerfallen.
Riffkante an der Aufprallstelle zerstört.

Abb. 20 — **Lageskizze** — DTSA Sonderbrevet Wracktauchen

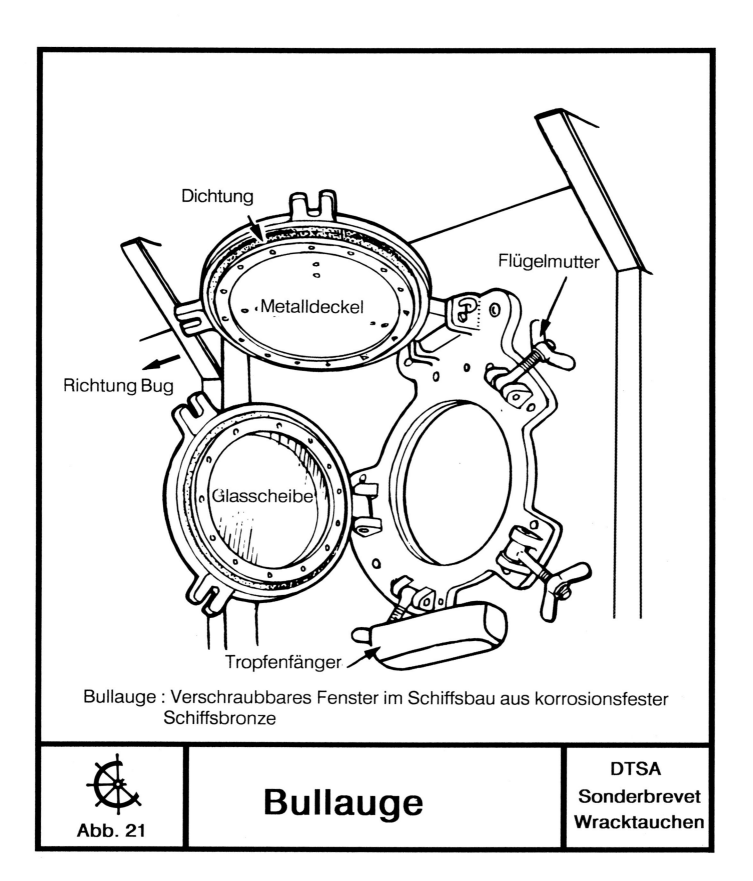

5. Souvenirs

Das Sonderbrevet "Wracktauchen" soll ja beim Tauchen in mehr oder weniger intakten Wracks Hilfestellung geben. Es befaßt sich nicht wie sich in der Einleitung schon angedeutet - mit dem Tauchen an Wrackresten.

Die Einführung von Eisen und Stahl im Schiffsbau erfolgte ab etwa 1860. Man kann daher mit Sicherheit annehmen, daß alle älteren Schiffe - da aus Holz gebaut - zerfallen sind.

Damit ist jede Souvenir- und Schatzsucherei an älteren Wracks oder an Fundstellen nicht Thema dieses Sonderbrevets und teilweise auch verboten. Hierzu zählen in erster Linie die Fundstellen antiker Wracks, die für die Wissenschaft nur dann einen Wert haben, wenn sie unzerstört sind!

Auch bei neueren Wracks findet die Souvenirsammlerei nicht ungeteilten Beifall. Kein Basisleiter sieht es gern, wenn sein so stolz präsentiertes "Hauswrack" in kurzer Zeit leergeräumt wird und so eine Attraktion stückweise in den Vitrinen seiner Gäste verschwindet.

Das hindert ihn allerdings in den seltensten Fällen daran, seine eigenen Basisräume mit den beliebtesten Souvenirs wie Ruder, Schiffsglocke, Kompass, Bullaugen (Abb.21) oder Geschirr zu dekorieren! Ganz zu schweigen von der Bordverpflegung oder den Ladungsteilen, die flüssig in Flaschen abgefüllt meist das 1. Jahr des Wrackdaseins nicht überleben.

Es gibt ja nichts, was der Mensch nicht sammelt! Alles was im oder um das Schiff herum liegt hat irgend einen Souvenirwert und findet einen Abnehmer, egal ob es sich um Türschilder, Wasserhähne, Nachttöpfe, Glühbirnen oder ähnliche Teile handelt.

Wer hier Richter spielt und das verurteilt, sollte in seinen eigenen Schrank schauen - wenn der leer ist, war er sicher meist nur zu spät am Wrack - wenn es schon leergeräumt war!

Eines sollte man aber beachten: Wenn man etwas mitnimmt, sollte es auch so präpariert und konserviert werden, daß es erhalten bleibt. Die Habgier, etwas als Souvenir besitzen zu wollen, es dann aber wegzuwerfen, wenn es anfängt zu stinken oder zu zerfallen, ist zu verurteilen

Noch ein Hinweis: Auch der Zoll des Gastlandes interessiert sich bei der Ausreise für Souvenirs, die von den Wracks stammen - und sei es auch nur wegen eines diskreten Hinweises durch einen verärgerten Basisleiter.

Es ist auch schwer, einem Zöllner klar zu machen, daß das wohlgehütete Teil eigentlich wertlos ist, die glänzenden Augen des Finders weisen auf das Gegenteil hin!

5.1 Bergen von Souvenirs

Nicht immer ist das Bergen von Gegenständen aus Wracks risikolos, wie Beispiele beweisen: So ist z.B. ein Taucher nur deshalb verunglückt, weil er versuchte, mit dem letzten Rest Luft nochmals zum Wrack abzutauchen, und sich dort so mit Fundstücken belud, daß er nicht mehr zur Oberfläche kam.

Berücksichtigt werden muß hier auch, daß es sich in solchen Fällen (mehrfaches Abtauchen) um sogenannte Yo-Yo-Tauchgänge handelt, die von Tauchcomputern nicht mehr sicher erfaßt werden.

Kleinere Gegenstände können direkt geborgen werden. Allerdings stehen oft verschlossene Behälter wie Flaschen, Büchsen oder Fäßer unter Überdruck und können beim Heben bersten! Die dabei entweichenden Gerüche können der Grund sein für das Verbot, wieder an Bord des Tauchschiffes kommen zu dürfen. Für das Bergen schwerer und größerer Fundstücke eignet sich die Rettungs- und Tarierweste, wobei allerdings bei den jetzt zunehmend eingesetzten Jackets die noch verfügbare Auftriebsreserve kaum ausreicht.

Wichtig:

> Die Aufstiegsgeschwindigkeit darf auch in diesem Fall 10 $^m/_{min}$ nicht überschreiten.

Noch schwerere Gegenstände werden am sichersten direkt mit einer Leine von der Oberfläche aus geborgen. Bei Verwendung eines Hebesacks sollte der benötigte Auftrieb und der nötige Luftbedarf überschlägig berechnet werden. Auch hier den sich wegen der Ausdehnung der Luft im Hebesack immer mehr beschleunigenden Auftrieb durch kontrolliertes Ablassen von Luft abbremsen.

Bei ungebremstem Auftrieb würde der Hebesack an der Oberfläche unter Umständen umschlagen, die Luft entweichen und Fundstück und Hebesack schnell wieder absinken.

Niemals unter den aufsteigenden Hebesack mit dem Fundstück tauchen!

5.2 Konservieren von Souvenirs

Wenn schon Souvenirs, dann müssen sie auch erhalten werden.

Je nach Material, Dauer des Aufenthaltes unter Wasser, Tiefe, Salzgehalt, Lichteinfall, Temperatur, Strömung und Überdeckung kann eine Konservierung sehr aufwendig werden.

In kritischen Fällen sollte es einem Fachmann überlassen werden, da sonst die geborgenen Teile schnell zerfallen und verloren sind.

Die hier aufgeführten Beispiele sind nur ein grober Hinweis, genauere Angaben sind aus einschlägiger Literatur zu entnehmen.

Große Erfahrungen dieser Art wurden bei der Hebung und der Konservierung der "Wasa" gemacht, einem Kriegsschiff, das kurz nach seiner Fertigstellung 1628 bei Stockholm sank und 1961 gehoben und aufwendig konserviert werden mußte.

Wichtige Allgemeinregel: Alle Gegenstände müssen feucht gehalten werden, bis die eigentliche Konservierung beginnt!

Dazu werden die Gegenstände in feuchte Tücher gehüllt und in Folie verpackt. Kleinere, zerbrechlichere Fundstücke werden in Schlamm, Sand oder feuchtem Sägemehl verpackt! Etwas zugefügtes Formalin (ca. 10%) hilft gegen Pilzbefall.

5.2.1 Glas, Keramik, Stein

Bei Glas ist kein großer Aufwand nötig. Da es sich um ein dichtes Material handelt, sind in das Gefüge keine Salze eingedrungen. Unter klarem Wasser abwaschen, Verkrustungen - wenn gewünscht, in verdünntem Essig auflösen.

Keramik ohne bzw. mit unvollständiger Glasur in Süßwasser legen, anschließend mit verdünntem Alkohol waschen. Sehr langsam trocknen.

Stein wird über längerer Zeit in destiliertes Wasser gelegt, um die löslichen Salze im Stein zu entfernen. Danach langsam gründlich trocknen. Unter Umständen die Oberfläche mit geschmolzenem Bienenwachs oder Lack beschichten.

5.2.2 Holz, Knochen, Leder

Diese organischen Materialien werden nach gründlicher Reinigung mit einer weichen Bürste unter fließendem warmen Wasser mit Polyethylenglykol getränkt. Dazu werden die Teile 2 bis 3 Wochen in einer 25 prozentigen wässerigen Lösung gelagert, anschließend 4 Wochen langsam getrocknet und lackiert.

Bei Holz bringt auch eine mehrwöchige Lagerung in mit Terpentinersatz verdünntem Leinöl und anschließende Trocknung gute Ergebnisse.

5.2.3 Metall

Bei den verschiedenen Metallen ist es sehr schwer, Vorhersagen über den Zustand zu machen. Es ist abhängig vom Material, Salzgehalt, Sauerstoffgehalt des Wassers bzw. Art der Überdeckung (z.B. Sand, Schlamm) und der Kombination verschiedener Metalle. So wird z.B. Eisen offen und alleine liegend sehr schnell in Eisenoxid - also Rost - umgewandelt. In Verbindung mit Zink ist es aber geschützt, da es in der galvanischen Spannungsreihe edler ist als Zink. Lediglich bei Gold kann man davon ausgehen, daß es kaum angegriffen wird.

Eisen: Eisen ist wohl das am schwersten zu konservierende Metall. Die Gegenstände sollten unter fließendem Wasser mit einer weiche Bürste gereinigt werden.

Kalk kann durch Einlegen in Essig oder Phosphorsäure (verdünnen) entfernt werden. Danach gründlich wässern und Teile in eine 50prozentige Phosphatrostschutzmittellösung auf Manganphosphatbasis einlegen. Unter fließendem Wasser bürsten, danach trocknen und lackieren. Schon etwas porös gewordene Eisengegenstände können durch ein Tauchbad in geschmolzenem Wachs (Paraffinwachs) imprägniert werden.

Messing, Kupfer, Bronze, Blei: Gründlich abwaschen, evtl. Verkrustungen mit Essig oder verdünnter Säure ablösen. Anschließend die Teile gut wässern, trocknen und evtl. lackieren.

6. Lexikon mit Begriffen aus dem Schiffbau

Abteilung	durch zwei verschiedene Schotts abgegrenzter Raum
Achterdeck	das hinterste zum Heck laufende Deck
Achterpiek	hinterster Raum im Schiff mit Kollisionsschott. Beide Tanks (Räume) im Schiff dienen der Lecksicherheit bei Kollisionen. (siehe auch Vorpiek)
Achterschiff	das hintere Teil eines Schiffes mit Schraube und Ruder
Anker	hakenartige Einrichtung zum Festhalten des Schiffes am Boden (Abb.10); üblicherweise besitzen Schiffe heute am Bug zwei und am Heck einen Patentanker. Die Anker hängen an schweren Ketten, dadurch wird bewirkt, daß der Zug waagerecht wirkt - nur dadurch hält der Anker. Wirkt der Zug nach oben, "bricht" der Anker aus und kann so gehoben werden.
Ankerkette	richtet sich nach der Größe des Schiffes und dem Gewicht des Ankers. Erforderlich sind dreimal so viel Kettenlänge wie die gewünschte Ankertiefe ist.
Ankerklüse	starkwandiges Rohr mit wulstförmigem Abschluß, durch den die Ankerkette von Deck nach außen geht.
Ankerspill	Winde, mit der der Anker "gehievt" (eingezogen) wird.
Antriebsanlage	Maschine, Welle, Schiffsschraube
Aufbauten	Räume über dem Hauptdeck, die von einer Schiffsseite zur anderen gehen
Außenhaut	Hülle des Schiffes aus Holz, Beton, Kunststoff oder Stahl
Back	der vordere erhöhte Aufbau des Schiffes
Backbord	in Fahrtrichtung linke Seite des Schiffes
Ballast	Beladung eines Schiffes zur besseren Stabilität bei Leerfahrten, meist Wasser in Tanks
Bilge	Raum am Boden des Schiffes, in dem sich Schwitz- und Leckwasser sammelt.
Block	Holz- oder Eisengehäuse, in denen hölzerne oder andere Rollen laufen. Sie dienen zur Seilführung beim Be- und Entladen (Flaschenzug).
Bootsdavits	kleine, paarweise angeordnete Kräne zum Ausschwenken und Ablassen der Rettungsboote.
Bordwand	seitliche Wand des Schiffes
Brücke	Teil der Aufbauten für den Kommandostand

Brückennock	seitliche Aufbauten an der Brücke zur besseren Übersicht
BRT	Bruttoregistertonne, Raummaß (=2,83 m^3) zur Vermessung des Schiffes, wobei alle Räume und die Aufbauten gemessen werden.
BRZ	seit dem 18. Juli 1994 gilt zur Vermessung die Bruttoregisterzahl
Bug	vorderer, spitz zulaufender Teil des Schiffes, der verschiedene Formen haben kann (Abb. 9)
Bugspriet	nach vorne herausragender Mast bei Segelschiffen
Bullauge	runde, in Metall (meist Bronze) gefaßte Seitenfenster mit dickem Glas und Gummidichtung; zusätzlich durch Seeschlagblende innen dicht verschraubbar (engl.: Porthole) (Abb. 17).
Bunker	Schiffsraum für Brennstoff
Container	großer Metallkasten in genormter Größe (z.B. 20 Fuß, 40 Fuß) in dem die Teile der Ladung untergebracht sind. Sie bleibt darin vom Absender bis zum Empfänger. Vorteil ist die schnellere Be- und Entladung. Sie sind stapelbar in speziellen Containerschiffen, deren Abmessungen auf die Maße der Container abgestimmt sind. Abmessung eines 20 Fuß-Containers: 6,10 m x 2,44 m x 2,44 m
Dampfkolbenmaschine	Antrieb von Kolben in Zylindern durch den sich ausdehnenden Dampf. Ab ungefähr 1850 wurde diese Antriebsart in der Schiffahrt eingesetzt; großer Platzbedarf, hohes Gewicht und starke Erschütterungen durch die Stampfbewegung der Kolben; wurde später durch die Dampfturbine abgelöst.
Deadweight	Tragfähigkeit eines Schiffes, wenn es bis zur zulässigen Ladelinie im Wasser liegt. Dazu gehören Ladung, Proviant, Wasser und Betriebsstoff (+dw).
Deck	etagenartige Unterteilung des Schiffes
Decksbalken	Tragebalken der Decks
Doppelboden	abgeschlossener Raum im Schiffsboden bis etwa 200 cm Höhe (abhängig von der Schiffsgröße). Unterteilt (quer durch Bodenwrangen) in Ballast- und Öltanks sowie Leerzellen. Der Doppelboden dient der Sinksicherheit bei Grundberührung und ist üblich seit ca. 1200.
Faden	der tausendste Teil einer Seemeile (1,83 m)

Freibord	Abstand von der Wasserlinie bis zum tiefsten Punkt des Freiborddecks im beladenen Zustand.
Freibordmarke	Eichmarke für die maximale Beladung. (Abb. 8).
Germanischer Lloyd	deutsche Klassifikationsgesellschaft. Erläßt Vorschriften für Bau und Ausrüstung von Schiffen und stellt Bescheinigungen aus über Güte und Sicherheit von Schiffen.
Hauptdeck	oberstes, durchlaufendes Deck eines Schiffes
Hauptspant	Spant an der breitesten Stelle des Schiffes
Heck	Hinterer Abschluß des Schiffes in verschiedenen Bauformen
Kabelgatt	vorderster Raum eines Schiffes, meist Vorratsraum für Handwerkszeug und Materialien
Kabine	Schlaf- und Wohnraum, auch Kajüte
Kesselraum	Raum für Schiffskessel, gegen andere Räume abgeschottet, nach oben führt der Kesselschacht mit dem Schornstein
Kettenkasten	Raum für Ankerketten
Kiel	Grundbalken des Schiffes, teilweise im modernen Schiffsbau auch flach
Koje	eingebautes Bett
Kollisionsschott	Schott im Bug und im Heck des Schiffes zum Schutz bei Kollisionen (siehe Vor- bzw Achterpiek)
Kombüse	Schiffsküche
Kommandobrücke	Befehlsstand auf dem höchsten Deck mit ungehinderter Sicht mit Ruderhaus, Kartenhaus und Funkraum. Über den Maschinentelegraphen mit dem Maschinenraum verbunden.
Krähennest	Beobachtungspunkt im vorderen Mast
Kupferboden	Bedeckung der Außenhaut von Holzschiffen mit Kupferblech zum Schutz gegen Bohrwürmer und Bewuchs
Ladebaum	schwenkbarer Arm zur Be- und Entladung des Schiffes
Ladeluke	Decksöffnung zum Beladen, abdeckbar
Laderaum	Raum im Schiff für die Ladung; angepaßt an die Art der Ladung z.B. Container, Autos, Massegut (Erz, Öl).
Länge ü.A.	Schiffslänge über alles gemessen, von Bug zum Heck
Längsschott	längs zum Schiff laufendes Schott

Leck	schadhafte Stelle der Außenhaut mit Wassereinbruch
Lloyds'List	Liste der Schiffe mit Loyd´s Register Klasse
Lloyds´London	Versicherungsgesellschaft, gibt Lloyd´s Shippingindex heraus (wöchentlich). Darin sind die Standorte der (meisten) Schiffe aufgeführt und auch Schadensereignisse wie vermißt, Strandung, Brand, Feuer
Lloyds'Register	britische Klassifikationsgesellschaft, gibt jährlich "Register of Ships" heraus worin alle bei ihr klassifizierten Schiffe aufgeführt sind (älteste Klassifikationsgesellschaft).
Luke	viereckige Öffnung
Lukendeckel	Abdeckung der Luke
Mannloch	Einstiegsöffnung mit verschließbarem Deckel in Kesseln oder Tanks
Mannschaftsräume	mitschiffs oder im Achterschiff liegende Räume für die Mannschaft
Maschinentelegraph	Einrichtung für die Befehlsverbindung von der Kommandobrücke zum Maschinenraum
Mast	Rundholz oder Metallröhre zur Befestigung der Segel
MS	Abkürzung für "Motorschiff"
Nebelglocke	Glocke auf dem Vorschiff; mit ihr werden Signale im Nebel (oder schlechter Sicht) gegeben, wenn das Schiff vor Anker liegt
Nebelhorn / Tyfon	Signalhorn zur Abgabe von vorgeschriebenen Signalen bei Nebelfahrt oder schlechter Sicht
Nettoregistertonne	Räume für Fahrgäste und Fracht, ohne Räume für Mannschaft, Maschinen usw.
Niedergang	steile Treppe
Pforte	größere, verschließbare Öffnung in der Außenhaut
Poller	kurze, runde, eiserne Pflöcke zur Befestigung von Leinen
Raddampfer	Schiffsantrieb erfolgt über Schaufelräder an der Seite oder am Heck
Reeling	Geländer um ein Deck
Rollen	runde Holz- oder Metallscheiben in Blöcken, über die Seile laufen
Schiffsschraube	Propeller zum Antrieb des Schiffes

Schlagseite	seitliche Neigung des Schiffes z.B. bei Wassereinbruch oder verschobener Ladung
Schlingerkiel	seitlich am Rumpf angebrachte Leiste zur Stabilisierung des Schiffes bei Seegang
Schornstein	früher Abzugseinrichtung für Kessel bzw. Maschinenabgase, zusätzlich heute Be- und Entlüftung für Maschinenraum (oder nur zur Dekoration eher selten)
Schott	Trennwand im Schiff
Seemeile	nautisches Längenmaß 1.852 km
Skylight	Oberlicht - oben liegendes Fenster, durch das Licht nach unten dringt
Spant	aufrecht stehende, der Außenform angepasste Verstärkungen, die bis in den Kiel gehen
Spill	Winde mit senkrechter Achse
Steuerbord	in Fahrtrichtung rechts
Tonnage	Rauminhalt eines Schiffes (BRT, NRT, tdw)
Vorpiek	vorderster Teil im Inneren des Schiffes, Leerraum / Tank im Vorschiff - liegt vor dem Kollisionsschott. (siehe auch Achterpiek)
Wellentunnel	wasserdichter Tunnel vom Maschinenraum bis zur Wellenbuchse am Heck des Schiffes, wo die Schraubenwelle nach außen läuft. In ihm läuft die stabile Schraubenwelle.

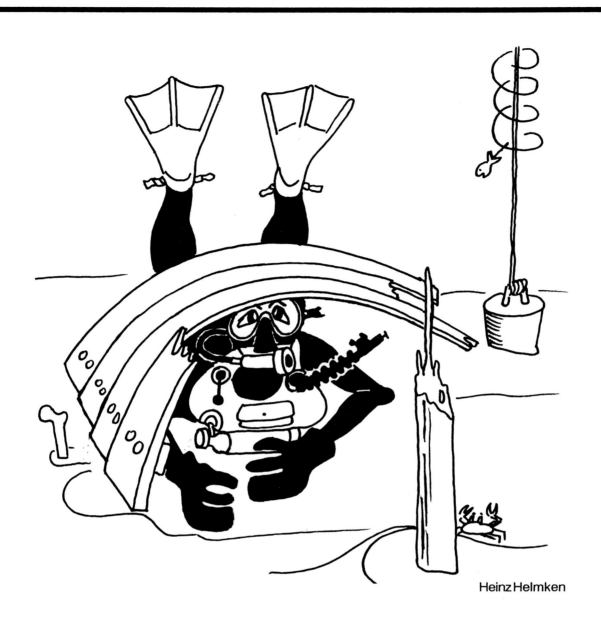

Das tiefe Eindringen in Wracks ist immer gefährlich!

Heinz Helmken

Abb. 22	**Wracktauchen**	DTSA Sonderbrevet Wracktauchen

(Aus "Chaotis Blubb meint...Erfahrungen und Wissenswertes von einem 'Taucher'". Cartoons von Heinz Helmken. Stuttgart 1993, Verlag Stephanie Naglschmid, ISBN 3-927913-53-7)

7. Prüfe Dein Wissen

Die Antworten zu folgenden Fragen sollen von je 2 Teilnehmern zusammen erarbeitet werden:

1. **Bei einem Tauchgang findest Du ein Wrack. Welche Möglichkeiten gibt es, dieses Wrack bei späteren Tauchgängen wiederzufinden?**

2. **Welche Ausrüstung ist Voraussetzung, wenn Du mit Deinem Partner in weiter innen liegende Räume eines Wracks eindringen willst?**

3. **Welche Forderungen sollst Du dabei an Dich und Deinen Partner stellen?**

4. Warum ist die Kompaßanzeige beim Wracktauchen unsicher?

5. Mit welchen Gefahren im Inneren des Wracks mußt Du rechnen?

6. Wie teilst Du Deinen Luftvorrat ein?

7. Nach welche Kriterien würdest Du versuchen, das Alter eines Wracks festzustellen?

8. Wo in einem neuerem Frachter würdest Du die Funkbude - wo die Kombüse suchen?

9. Wie würdest Du Dich verhalten, wenn Du im Wrack- "ohne Leinensicherung" Partner und Orientierung verloren hast?

10. Beschreibe alle Sicherheitsvorkehrungen bei Tauchgängen vom Boot aus an einem in 40 m Tiefe liegendem Wrack!

Delius Klasing
EDITION NAGLSCHMID

TAUCHSPORT-SONDERBREVETS

Die Reihe „Tauchsport-Sonderbrevets" enthält kursbegleitende Hefte zur offiziellen Ausbildung von Sporttauchern. Mit diesen Heften kann jeder Taucher seine Ausbildung nach seinen Interessen individuell gestalten. Die Themen sind entsprechend dem praxisorientierten Unterricht aufbereitet.

Werner Scheyer/
Gabi Neumann
Orientierung
Nr. 1
3. aktual. Aufl., 64 S., 26 Abb.
ISBN 3-89594-024-0

Manfred Scheffel
Unterwasserfotografie
Nr. 2
2. aktual. Aufl., 80 S., 15 Abb.
ISBN 3-89594-027-5

W. Arbogast/N. Leist/
L. Nevermann/W. Xylander
Gewässeruntersuchung
Nr. 3
64 S., 12 Abb.
ISBN 3-89594-018-6

Willi Xylander/
Franz Brümmer
Süßwasserbiologie
Nr. 4
64 S., 20 SW-Abb.
ISBN 3-89594-017-8

Norbert Zanker /
Willi Welslau
**Tauchsicherheit –
Tauchrettung**
Nr. 6
96 S., 20 Zeichn.
ISBN 3-927913-71-5

Martin Waldhauser/
Werner Scheyer
Nachttauchen
Nr. 7
3. aktual. Aufl., 64 S., 16 Abb.
ISBN 3-89594-025-9

Werner Scheyer / Hans Hein
Strömungstauchen
Nr. 8
64 S., 25 Zeichn.
ISBN 3-927913-17-0

Thomas Kromp /
Werner Scheyer
Trockentauchen
Nr. 9
2. aktual. Aufl., 64 S., 14 Abb.
ISBN 3-89594-031-3

Werner Scheyer/
Jürgen Gorny
Suchen und Bergen
Nr. 10
2. aktual. Aufl., 64 S., 16 Abb.
ISBN 3-89594-030-5

Werner Scheyer/
Markus Wedegärtner
Wracktauchen
Nr. 12
2. aktual. Aufl., 64 S., 22 Abb.
ISBN 3-89594-028-3

Matthias Bergbauer/
Manuela Kirschner
Höhlentauchen
Nr. 13
2. aktual. Aufl., 64 S., 18 Abb.
ISBN 3-89594-026-7

Erhältlich im
Buch- und Fachhandel